京都政策研究センターブックレット No. 1

地域貢献としての「大学発シンクタンク」

京都政策研究センター（KPI）の挑戦

企画
KPI! 京都府立大学 京都政策研究センター
KYOTO POLICY INSTITUTE

編著
青山公三・小沢修司・杉岡秀紀・藤沢実

公人の友社

目次

巻頭言::「大学のまち・京都」と京都府立大学 山田 啓二（京都府知事）………4

京都府立大学の理念と地域貢献 渡辺信一郎（京都府立大学学長）………5

はじめに::地域と協働する大学シンクタンク・KPI 青山 公三（KPI・センター長／京都府立大学公共政策学部教授）………6

第1章::KPI設立背景 ～KPIはいかにして立ち上がったか～ 小沢 修司（京都府立大学公共政策学部教授）………8

第2章::シンクタンクとしてのKPIの役割 青山 公三 ………17

第3章::KPIの機能と活動 ～進化するシンクタンクへ～ 杉岡 秀紀（京都府立大学公共政策学部講師）………32

第4章::京都府から見た、大学発シンクタンクの意義 籔中 直（京都府職員研修・研究支援センター参事）………48

[特別寄稿1] 地域貢献への切り札としての「京都政策研究センター」の誕生を間近に見て 奥谷 三穂（京都文化環境部文化芸術振興課長）………52

[特別寄稿2] つなぎ役から変革の場へ 大学と行政とのWin-Win関係の構築に向けて 藤沢 実（京都府立大学公共政策学部准教授）………62

おわりに：福祉社会の実現をめざし、公共政策を拓く　吉岡真佐樹（京都府立大学公共政策学部長）……70

資料編：京都府立大学京都政策研究センター規程……72
府大京都政策研究センター・政策研究運営委員会運営要領……73
KPIの軌跡　村山　紘子（KPI・研究員）……74

コラム

築山　崇（京都府立大学副学長／公共政策学部教授）……16
桂　明宏（京都府立大学大学院生命環境科学研究科教授）……16
鈴木　康久（京都府府民生活部府民力推進課長）……30
梅原　豊（京都府府民生活部副部長府民総務課長事務取扱）……30
竹部　晴美（京都府立大学公共政策学部講師）……31
窪田　好男（京都府立大学公共政策学部准教授）……31
朝田　佳尚（京都府立大学公共政策学部講師）……47
倉石　誠司（京都府政策企画部戦略企画課長）……47
檜谷　美恵子（京都府立大学大学院生命環境科学研究科教授）……61
牧野　潤子（京都府政策企画部戦略企画課主任）……68
下村　誠（京都府立大学公共政策学部准教授）……68
三橋　俊雄（京都府立大学大学院生命環境科学研究科教授）……69

巻頭言

「大学のまち・京都」と京都府立大学

京都府知事　山田 啓二

大学発のシンクタンクとして発足から3年を迎えた京都府立大学京都政策研究センターは、これまでの間、地域力再生に関する事例研究など京都府との協働研究において数々の実績を挙げておられます。

京都府では、あらゆる人々が活発に交流・連携し、世界中の学生や研究者を魅了する機能と環境を備えた「大学のまち・京都」づくりを実現するため、オール京都の取組としての『京都ギャップイヤー』事業や「大学ユートピア特区」構想の策定、「きょうと留学生オリエンテーションセンター（仮称）」の整備などを積極果敢に進めていきます。

京都が目指す「大学のまち・京都」づくりを着実に軌道に乗せていくためには、京都府立大学の力が不可欠です。今後さらに京都府と京都府立大学が深く連携し、同センターが、京都における「知の拠点」形成の核となり、京都特有の歴史的・地理的・社会的条件を精緻に分析し、また、実践的な活動を通じて、府政の地域課題解決に一層の貢献をいただくよう期待しております。

巻頭言

京都府立大学の理念と地域貢献

京都府立大学学長　渡辺　信一郎

昨年6月に文部科学省が発表した「大学改革実行プラン」にかかわって、国立大学では各大学のミッションの再定義が進められている。ミッションとカタカナで問われると何か新しいものが問われたように感じる。あわてることはない。本学のミッションはすでに確立している。

本学は、5年前の法人化にあたり、全学的な議論をふまえて、京都府立大学がめざすべき理念と行動憲章を制定した。その核心は、「京都府における知の拠点」形成にある。ミッション・理念にかかわって、いま本学に問われているのは、どのような経路を構築して理念を具体化し、実現していくか、という課題であろう。

京都政策研究センターの、この3年間の挑戦は、「京都府における知の拠点」形成のそのまた核心である地域貢献のありかたを「大学発シンクタンク」として社会に問いかけるものである。本学のミッション実現の具体が那辺にあるか、本書によって執筆者・読者とともに確認しあいたい。

はじめに　地域と協働する大学シンクタンク・KPI

この度京都政策研究センター（KPI）の活動をみなさまに知っていただくために、ブックレットを発行することになりました。

平成21年9月、京都府立大学の新たな全学組織として、長年京都府から要望のあった政策研究のシンクタンク機能を担う京都政策研究センターを立ち上げました。KPIの機能としては、京都府政の重要課題に関する政策研究、地方公共団体等との共同研究・受託研究や自主研究、行政職員の政策立案能力の向上に向けた取組を進めながら、研究成果を広く府民の皆様や社会に還元していこうというものがあります。

また、京都府政の重要課題に関する政策研究については、KPI（大学側）と京都府側とで政策研究運営委員会を設けて協議調整を行いながら、協働研究を進めております。その際のポイントはテーマを定める時だけ協議をし、残りの研究は全てKPIが受け持つのではなく、あくまで大学の教員と府の職員が協働で政策研究を行うというところにあります。

また、政策研究のシンクタンク機能を担うという場合、京都府の注文に気に入られる政策提案のみを行うのではないか、と誤解されやすいのですが、そのつもりはありませんし府もその

ような近視眼的な役割をKPIに求めているのではありません。京都府立大学と京都府の「協働」しあう建設的な関係を築きながら、広く日本社会や世界に向けた政策研究の拠点として発展させていきたいと願っています。

京都府立大学京都政策研究センター長　**青山　公三**

第1章 KPI設立背景
~KPIはいかにして立ち上がったか~

小沢 修司

京都府立大学の全学組織である京都政策研究センター（以下、KPI）は平成21年9月に立ち上がった（「京都府立大学京都政策研究センター規程」（平成21年京都府立大学規程第6号）平成21年7月8日施行）。立ち上げの際には、山田京都府知事、初代のセンター長であった小沢、それに当時の竹葉学長の3人が看板を掲げ、大学生協にてセンター発足を記念する「キックオフ交流会」を開いた（9月8日）。

看板を掲げる知事、学長、センター長の3氏

1 公共政策学部を中心とした組織運営

さて、KPIはいかにして立ち上がったか。それには平成20年度から京都府公立大学法人のもとで出発した新生京都府立大学の立ち上げから語らねばならないが、ひとまずKPIの設置規程であるKPIの組織的な特徴を掴んでいただくことから始めたい。規程そのものは資料編（72頁）を見ていただくとして、企画会議なる運営組織とKPIの庶務を規定した第4条第1項ならびに第6条は次のようになっている。

> 第4条（企画会議）　センターの所掌事項について企画し、協議・調整するため、センターに企画会議（以下、「会議」という。）を置き、次に掲げる委員をもって組織する。
>
> (1)　センター長
> (2)　公共政策学部長
> (3)　文学部、公共政策学部及び生命環境科学研究科から選出された各1名の教員
>
> 第6条（庶務）　センターの庶務は、当分の間、公共政策学部において処理する。
>
> 京都府立大学京都政策研究センター規程（平成21年京都府立大学規程第6号）より

ここに見るように、KPIの組織的特徴として指摘しなければならないのは、全学組織であり

ながら企画会議に各学部から選出される委員と並んで公共政策学部長が加わっていることと、KPIの庶務を「当分の間」とはいえ公共政策学部が担当する、というように、公共政策学部が中心となった組織ならびにその運営となっていることである。
では、それは何故なのか。新生京都府立大学の立ち上げの際に公共政策学部に対し京都府からの強い思いがあったことと大きく関係している。

2 学部・大学院に求められたシンクタンク機能

平成20年度からの新生京都府立大学の立ち上げを規定した京都府大学改革基本計画（京都府、平成18年12月）では「府立の大学が今後果たすべき使命」として「学術・社会経済の変貌に対応した教育研究の推進、多様化・複雑化する府民ニーズに応える総合的な教育・研究体制の構築」が「教育研究の課題」に掲げられ、とくに「地域や行政課題に対応したシンクタンク機能の充実」と「社会人再教育等への対応」が強調されたが、こうした観点から行われたのが学部・大学院の再編であった。すなわち、文学部、公共政策学部、福祉社会学部、人間環境学部、農学部からなる従来の4学部体制を文学部（学科再編）、公共政策学部（福祉社会学部の再編）、生命環境学部（人間環境学部と農学部の統合）という3学部体制へ再編し、また学部にそれぞれ対応する大学院（文学研究科、公共政策学研究科、生命環境科学研究科）がスタートすることになった。
こうした中、行政との連携やシンクタンク機能の発揮がとくに求められたのが公共政策学部で

あり公共政策学研究科であった。すなわち、再編される公共政策学部には「京都府社会・行政との密接な連携（公共に携わる人材の育成）」が求められ、公共政策学研究科には「公共に係る課題等に即応したシンクタンク機能の発揮や社会人等の再教育への対応」が求められたのであった。再編された学部・大学院のなかで行政との密接な連携やシンクタンク機能の発揮が明示的に書き込まれているのは公共政策学部・公共政策学研究科だけである。

学部・大学院の再編という教育研究面での「改革の内容」の他、「地域・行政課題に対応できる機能の充実・強化」という「改革の内容」でも、「多様化・複雑化する地域課題に対応すると ともに、地域と連携し、積極的な地域貢献を行うため、府立の大学のシンクタンク的な機能の強化」が謳われ、「京都府関係機関等との共同・連携」として「教育・研究に係る能力を活かした学部への協力や協働、行政からの受託研究の展開、大学と行政の人事交流、行政職員の公共政策に係る教育などを積極的に実施」し、「府・市町村行政等との密接な連携による大学のシンクタンク機能の強化」を図るべしとされたのであった。

福祉社会学科という1学科で構成された従来の福祉社会学部を新たに公共政策学科を加えて2学科構成の公共政策学部へと再編するにあたり、府のきわめて強い思いが、私たちの学部・大学院がシンクタンク機能を発揮することにあった。

3　大学の組織としてのKPIの役割

こうした期待を果たして公共政策学部ならびに公共政策学研究科が受けとめきれるのか。いうまでもなく、学部ならびに大学院は高等教育機関として固有の教育機能を有している。しかも、教員組織は25名という府立大学では一番小さい学部・大学院である。京都府はそのところを思い違いしているのではないか。そのことをめぐって幾度となく議論を繰り返してきた。とはいえ、府立大学としては京都府からの強い期待に応えなくてはならない。ではどうするのか。

こうしてKPI立ち上げに向かって動き出すことになった。それがKPIの組織的特徴として表れている。すなわち、公共政策学部ならびに公共政策学研究科自体がシンクタンク機能を担うのではなく、全学的な組織としてKPIを立ち上げそこで京都府の強い思いを受けとめていくとともに、KPIの組織やその運営は公共政策学部が中心となって進めていく、という仕組みが案出されたのである。

ただ、大学（の組織）が行政のシンクタンクを担うことについて、大学側にははっきりと言って、府の期待する提案をすることになるのではないかとの懸念や、自主性が損なわれるような研究はしたくない（するものではない）という空気が存在していた。逆に、京都府側には大学への不信感めいた気持ちがあったのは否めない。ここをを払拭しないとKPIと京都府との協働研究は始まらない。

そこで、私と現センター長の青山はそろって当時の副知事と面談した。青山センター長が「はじめに」で記しているような「京都府の注文に応じ気に入られる政策提案のみを行うのではないか、と誤解されやすいのですが、そのつもりはありませんし府もそのような近視眼的な役割をセ

4 協働研究のあり方

協働研究の進め方について、青山センター長の「はじめに」で「テーマを定める時だけ協議をし、残りの研究は全てKPIが受け持つのではなく、あくまで大学の教員と府の職員が協働で政策研究を行う」と記されているような、府の職員も主体的に協働研究に取り組むという精神については、副知事との面談で確認されたものである。そこには、職員にとって政策形成・立案能力の育成・向上が重要であるとの思いが府側にあるからである。

あとは、協働研究のテーマをどのように決定し、推進していくのか、その組織的裏打ちをどうするのかということであったが、それは政策研究運営委員会 (以下、「運営委員会」) が担うことになる。

第5条 (政策研究運営委員会) 第2条第1号の政策研究を円滑に推進するために、センターに政策研究運営委員会を置く。

京都府立大学京都政策研究センター規程 (平成21年京都府立大学規程第6号) より

ここで第2条第1号の政策研究とされているのは京都府政の重要課題に係る政策研究のことで

ある。そして、政策研究運営委員会運営要領には運営委員会の所掌事項が次のように規定されている。協働研究のテーマの選定、研究チームの結成、進行管理、成果の府民還元に関することなどがこの運営委員会で決められるようにしたのである。

第2条（所掌事項）運営委員会は、京都府との協働の政策研究の円滑な推進に向けて、次の各号に掲げる事項について協議調整する。

(1) 京都府との協働の政策研究のテーマの選定及び政策研究チームの結成に関すること
(2) 京都府との協働の政策研究の進行管理に関すること
(3) 京都府との協働の政策研究の成果の府民等への還元に関すること
(4) その他京都府との協働の政策研究の円滑な推進に必要な事項

第3条（運営委員会の構成及び運営）運営委員会には調整幹事を置き、次に掲げる者を充てる。

(1) センター長
(2) 企画調整マネージャー
(3) 公共政策学部選出の企画会議委員
(4) 京都府政策企画部企画政策課長
(5) 京都府政策企画部企画政策課長が必要と認める京都府職員

2　運営委員会の構成については、その都度、前項の調整幹事が協議し、必要と認める教員

第1章　KPI設立背景　〜KPIはいかにして立ち上がったか〜

> 及び京都府職員を決定し、センター長が運営委員会を招集し、主宰する。
>
> 府大京都政策研究センター・政策研究運営委員会運営要領より

第3条第1項第3号に規定されている京都政策企画部企画政策課長は、府の組織再編により現在は政策企画部戦略企画課長となっている。

こうして、京都府職員とKPI側の教員が京都府政の重要課題とされる協働研究のテーマを決定し、協働研究への府職員の主体的参加を担保するという体制的保障を築くことができたのである。

最後にもう一点。この運営委員会とKPIの運営体制との関係について蛇足かもしれないが指摘しておきたい。KPIの機能概念図（第3章、図1、33頁）ならびにKPIの意思決定システム（第3章、図2、40頁）に記されている運営委員会の位置に注目いただきたい。運営委員会が置かれているのは、「京都府政の重要課題に関する政策研究」と「京都府」との間である。それが意味しているのは、「行政職員等の政策立案能力の向上」、「政策シーズ研究及び市町村等との共同研究・受託研究」などKPIの独自業務については、京都府との協議とは一線を画しKPIが主体的・自主的に決定・運営できるということである。

こうして、京都府政のシンクタンクとしての役割を公共政策学部が中心となりながらも大学の全学組織が担い、京都府政の重要課題については単なる受託ではなく文字通り府職員との協働研究を推進しながら（大学の）自主的主体的な研究を担保するというKPIがスタートしたのであった。

コラム　　　　政策の架け橋

京都府立大学副学長・教務部長　築山　崇

　私は、この20年余り社会教育・生涯学習の研究を通じて、地域住民の学習や地域活動に接する機会を多く持ってきました。また、平成20年から4年間は、地域連携センター長として、大学の地域貢献、地域住民との協同・協働に取り組んできました。その経験から、京都政策研究センターに期待するのは、住民がみずから生活諸問題の発見と解決に取り組んでいく過程と、市町村など行政機関・職員による政策立案の過程に橋を架ける役割です。
　住民と行政との連携・協働は、各種会議体の組織やパブリックコメントなど様々に試みられてきていますが、有効な回路、手段などについては、まだまだ検討・改善の余地を残しています。行政側の体制や施策にあたっての手法、施策の評価などだけでも、研究課題は多岐にわたりますが、そこに、住民自身が地域理解を深め、自治能力を高めていく過程への公的機関の働きかけ方の研究なども絡めていけたらと思います。
　政策が、住民の"外"にあるのではなく、"内"に主体化されるところに、研究の力を期待したいと思います。

コラム　　　地域づくりへの支援に期待

京都府立大学大学院生命環境科学研究科准教授　桂　明宏

　いま、農山漁村の現場では、所得の減少、過疎・高齢化とそれに付随する様々な社会的問題に直面しています。しかし、そんな中でも住民の知恵と力を結集して地域資源を活かした活性化に取り組んでおられるところも少なくありません。そうした取組をみていると、地域住民自らの力によって地域の「誇り」を取り戻そうとされているように思えてきます。私など大して力にはなれないけれど、少しでもお手伝いできればと、農山漁村を巡り歩いています。
　地域の力は、「地域を良くしたい」という地域住民の強い思いとそれを力に変える結集力から生まれます。そして、地域内の"絆"を大切にしながらも、地域の外ともうまく繋がりをつくっているところが、活性化に成功しているように思います。京都政策研究センターが、地域づくりの経験を広め、地域づくりの取組を応援していける拠点的存在になってほしいと期待しています。

第2章　シンクタンクとしてのKPIの役割

青山　公三

前章で前センター長の小沢がKPIは京都府のシンクタンクとしての役割が期待されていると記している。私はKPIのことをいつも「府立大学の学内シンクタンクとして独立した機関」と説明している。そもそも「シンクタンク」とは何であろう。私は日本のシンクタンクで16年、アメリカのシンクタンクで14年、通算30年をシンクタンクで活動してきた。その経験を通してシンクタンクとは何か、KPIはシンクタンクとしてどのような役割を果たすべきかについて述べてみたい。[1]

■ **シンクタンクとは？**　～アメリカのシンクタンク動向を中心に

シンクタンクという言葉は、1960年代にアメリカで流行し、今では世界各国で広く使われ

るようになってきた。アメリカでは70年代にその設立ラッシュを迎え、現在、シンクタンクを標榜している機関だけでも（正確な数は明らかではないが）100を越える機関が設立されている。[2]

もともとは、第二次世界大戦において、「戦略を考えるための参謀室」のような意味で使われたようである。シンクタンクの『タンク』は『戦車』の意味もある。「知恵を以って勝つための戦略を生み出す集団」を戦車にたとえてシンクタンクと言ったのであろう。ワシントンにある大手シンクタンクの一つ、アーバンインスティテュートの研究員であった上野真城子氏（現関西学院大学教授）は、その著書『世界のシンクタンク』の中で、シンクタンクを『知』の戦車」とも呼んでいる。[3]

アメリカにおいて、シンクタンクといわれる機関は実に多種多様である。例えば、著名人たちが集まって政策提言を行う機関、社会への教育、啓蒙を行う機関、研究をベースに運動展開する機関、純粋にテーマ別の基礎的な政策研究を行っている機関、コンサルタント型の機関、こうした機能を総合的に持つ機関、そして、大学の研究センター等々、様々な機関がそれぞれの分野で活動している。多種多様であるがゆえにシンクタンクの定義も存在しない。

ただ共通点がある。いずれのシンクタンクも民間の立場から公共の政策にからむ研究、提言、運動などの活動をしており、しかも、政府や政党、企業（仮にスポンサーであっても）からは基本的には独立している。大学の付属研究機関などで立派な業績をあげている機関も多く、これもシンクタンクの一翼を担っている。大学の付属研究機関は、大学に所属はしているが、その研究内容、提言内容に大学側やスポンサー側が干渉することは少なく、政策研究の独立性は保たれてい

る。KPIもこのような機関でありたいと願っている。またアメリカのシンクタンクはほんの一部の大手コンサルタントを除けば、大部分がノンプロフィット団体である。

このように、アメリカのシンクタンクを概観すると、「民間」「独立」「公共政策形成」「ノンプロフィット」という4つの要素である。この4つの要素が少なくともアメリカにおけるシンクタンクというイメージを支えるキイワードである。したがって今風にシンクタンクを解説するならば「民間の知恵を以って、より良い社会を創り出すための政策を生み出すノンプロフィット集団」とでも言うべきであろう。KPIはこの4つの要素のうち、「民間」を除く3つの要素は満たしている。ただし、「民間」という要素も府立大学が平成20年に公立大学法人となったので、広い意味では民間と言っても過言ではない。この4つの要素について、以下で日本との比較もしながらKPIのシンクタンクとしての位置づけを考えてみたい。

■ 「民間」が原則のシンクタンク

まず、「民間」という視点ではどうであろう。日本には政府（地方行政も含む）が直接設立に関わった多くのシンクタンクが存在する。しかし、アメリカのシンクタンクには、政府がその設立を主導し、運営にも関与しているという機関は、連邦の特別法で成立したウィルソンセンターと、軍事研究が大きな比率を占めるランド・コーポレーションなど、ごくわずかしかない。アメリカの地方では、シンクタンクとは呼ばれていないが、計画シンクタンクとして役割を果

たす地方政府の集合体である広域行政機構（Regional Council）がある。しかし、それ以外では、地方には政府が関わるシンクタンクはほとんどない。

日本には、国レベルで言えば、国が主導して設立したシンクタンクの総元締めのような総合研究開発機構（NIRA）が存在する。また、各省庁がそれぞれシンクタンク的な研究機関を持っていた。「いた」というのは、これらの多くが独立行政法人や民間の法人に衣替えしてきているからである。県レベルでも多くの財団法人や社団法人のシンクタンクが県や地元財界などによって設立・運営されてきた。これらも近年、滋賀県や静岡県に見るように県立大学などに吸収合併されている例も多い。しかし、アメリカでは、軍事研究など、ある特殊な役割を担っている機関を除いては、役所が設立し運営する機関は、基本的にはシンクタンクとは呼ばれない。アメリカのほとんどのシンクタンクは、あくまでも民間側から政策を考えたり、評価する機関として機能している。

■ 「独立」していることが重要な要素

次に「独立」という視点である。役所が設立した機関を基本的にはシンクタンクと呼ばないのは、「独立性」が重要な要素であるからである。また、日本には多くの銀行系、証券会社系のシンクタンクも設立されている。これらは、設立母体の企業からの出向研究員も多く、シンクタンクとして独立しているとは言いにくい。アメリカでは、こういう形でのシンクタンクもシンクタ

第2章 シンクタンクとしてのKPIの役割

ンクとは呼んでいない。政府や企業から独立しているということが、シンクタンクの条件として重要な要素となっている。その意味ではKPIは現状では運営費の大部分は京都府から提供されているので、厳密には独立性は保たれていない。しかし、はじめにや第1章で述べているように、府に対しても言うべきことを言うという姿勢を貫いているのと、公立大学法人とはいえ、大学という独立した組織が設立した機関なので独立性は何とか保たれているといえる。

ある政策評価や政策提言をする際、役所の関係機関が設立した機関であれば、批判的な政策評価は出しにくい。民間企業が設立した機関であれば、提言する政策が社会の利益よりも、企業の利益に結びついていると見られがちである。KPIは府のお抱えシンクタンクのように見られがちであるが、そうなってしまってはKPIの存在意義はなくなってしまう。

アメリカのシンクタンクの多くは、共和党、民主党のどちらかの政党に近いと言われるが、それはシンクタンクが、提案した政策をより実現性の高いものにするために、シンクタンクの主義主張に近い政党と組むためである。しかし、この場合でも、あくまでも不偏不党を原則にしている。結びつきの近い政党の出した政策に批判的な評価を出すということも往々にしてある。不偏不党がゆえに可能となることである。

また、多くのシンクタンクは、多くの企業スポンサーを抱えている。それらスポンサーが、シンクタンクの活動自体に口を挟んでくることはほとんどない。スポンサー企業も、そのシンクタンクが、自分達の企業活動の利に資するように動いてくれるという期待を持つことは少ない。シンクタンク側も、そういう配慮はほとんどしない。

しかし、こんなアメリカのシンクタンクも、その財政的な状況では、「独立」であるがゆえに常に苦労を強いられている。多くのシンクタンクは、自らの基金運用の他に、運営資金を集めなければならない。個人や企業から寄付を募り、研究助成財団に研究プロポーザルを毎月のように送っている。日本などに比べれば、研究資金を助成してくれる財団などは豊富であるが、その分競争も激しい。常に財団や国際機関に対して新しい独創的なアイデアを出し、研究費を確保する必要があり、多くのプロポーザルを次々に書かなければならない。しかしそうした中から時として大変有意義な研究が生まれる事もしばしばである。

アメリカの有名なシンクタンクブルッキングス研究所は、民間（市民、企業、財団等）からの寄付と、研究助成財団からの研究助成だけで、年間収入の45％（約1600万ドル）を集め、こういう資金から著名な研究が多く生まれている。

また、委託研究を受注する場合も多くあるが、委託研究はあくまでもシンクタンクの情報と人材を活用するための手段であり、一つの財政的な柱ではあっても、委託研究のみが中心となることは少ない。もちろん、委託研究であっても、委託者に従属するのではなく、独立機関としての研究を進める。例えば、国際協力事業の評価研究などの委託研究などが政府から出されたりするが、受託した機関は、あくまでも公正な評価を行うことを心がけ、的確に問題点などを指摘する。資金確保には、どのシンクタンクも苦労しているが、政府や企業から独立していることで、本来的な意味での公正な研究活動が可能となるのである。

■「公共政策形成」が最も重要なシンクタンクの要素

アメリカのシンクタンクは政府の政策を形成するのに非常に大きな影響力を持っている。政治家もシンクタンクとの関係を大切にする。時にはシンクタンクの研究者が政権の中に入ってその政策研究の成果を実地に移すことも往々にしてある。アメリカでは大統領が代わると、中央省庁の上級幹部もこぞって代わる事が普通で、この時にシンクタンクの研究者が登用されたりもする。シンクタンクが政権の人材のプールになっているのである。そうした人材プールのシンクタンクとして有名なのは、アメリカン・エンタープライズ公共政策研究所、ブルッキングス研究所、フーバー研究所などである。

シンクタンクの優れた業績を具体的に政策に取り込む事も日常的に行われている。シンクタンクが政党に対し政策を売り込むこともしばしばである。政党もシンクタンクに政策立案を依頼する。コンサルタントに類するシンクタンクの提言も実に多く具体化される。アメリカ各地で成功している様々な活性化プロジェクトの多くは、こうした提言、提案を実行したものが多い。このようなな土壌の中では、シンクタンクはまさに政治、行政における重要な役割を果たしていると言え、政権のカラーをも形成する。

一方、日本のシンクタンクではどうであろうか。アメリカとの最も大きな違いは、中央にせよ、地方にせよ、日本の多くのシンクタンクは行政からの委託研究で収入の大部分をカバーしている

ことである。アメリカの多くのシンクタンクは個人や企業からの寄付と財団などからの助成研究が主となっており、自らの発想に基づく自主的な研究が可能となる。もちろん、前述したように、委託研究を受託している機関も多いが、あくまでも独立性を保ち、研究を進めている例が多い。クライアント主導の多くの委託研究は行政等のクライアント主導になりがちである。クライアント主導の多くの委託研究は、シンクタンクの「頭」よりも「手足」が期待される。「研究」というよりも「調査」である。「調査」は必要であるが、シンクタンクが単に情報収集のみの便利屋的に使われる事が往々にしてある。そのことが本来のシンクタンクの役割をそいでしまう結果となっている。公共政策立案のための情報収集では期待されても、具体的な政策提案では期待されることが少ないのである。特に日本の中央省庁の場合はその傾向が強い。

日本で、例えば委託で何か計画提案、政策提案を行ったとする。シンクタンクやコンサルタントが調査に基づいて一定の計画提案、政策提案を行っても、それがすぐに実行に移されることは少ない。提案に基づいて、役所が具体的な計画、政策を検討するのである。しかし、現実に多くの調査や研究が、実際の計画、政策にならないまま、レポートとして役所に埋もれている。アメリカでも一部にそうした傾向がないとは言えないが、税金を使って調査をし、シンクタンクやコンサルタントから、様々な提案を受けながら、それを具体的な計画や政策に反映させないということが問題になったりする。基本的には税金を使って行われた調査は、情報公開の対象となるので、その調査報告書が、何も政策に反映されないのは、税金の無駄遣いという批判が飛ん

でくる。また、委託調査の報告書が情報公開されるということは、シンクタンクの側もその評価をされるので、俗に言う「お抱えシンクタンク」のようなレポートは書けないことになる。そうした点でアメリカのシンクタンクは、常に委託調査の質と、その中で提案する政策や計画の実現可能性に責任を持たなければならないのである。

KPIは現在までのところ、府からの受託研究と左京区からの受託研究などを実施してきている。これらは第1章に小沢も書いているように、あくまでも委託側の行政職員との「協働」研究のやり方で進めている。レポートを作成することが目的ではなく、学際的な研究を行いつつ、それを生かして具体的な政策づくりをし推進することを目的としている。この姿勢は今後の受託研究でもぜひ堅持したい。また、後章で奥谷氏も書いているが、府立大学が行っている地域貢献型特別研究（ACTR）などにおいても、KPIが関わるものはすべて協働研究で進めており、実際の公共政策に携わる行政職員とともに実行可能な政策提案を目指している。

■ノンプロフィットであることについて

アメリカでは、シンクタンクの独立性を保つために、資金を広く個人や企業の寄付に頼っている。そのため、多くのシンクタンクが、そこへの寄付が税控除の対象となるノンプロフィットの資格を得ている場合が多い。

先にも述べたが、アメリカの代表的なシンクタンクであるブルッキングス研究所の年間収入の

約45％は、各種の献金と助成となっている。また、米国の自由主義経済を強力に推進することを目的に設立されたヘリテージ財団の年間収入の約半分は個人献金となっている。さらに、スタンフォード大学が設立したフーバー研究所は収入の約40％が一般からの献金である。このように、各シンクタンクは、ノンプロフィットであることで、その収入の多くを一般からの寄付によって集めているのである。一般の市民、企業からの資金、また財団の基金運用などは、通常、使途を外部から制限されないので、その研究機関は、その資金を使って、独自の政策研究を行うことが可能となる。ブルッキングス研究所ではその年間収入の約30％（1000万ドル）が基金運用益である。

例えば、役所が通常、好んでやりたがらない行政の効率性に関する研究などは、こうした独自資金を豊富に持つシンクタンクが積極的に行ったりする。行政はクライアントではないので、シンクタンクの行政に対する評価は、あくまでも社会的公平性に基づいて手厳しく行われる。こういうしくみが、行政に常に緊張感を持たせ、より良い行政を行わせるきっかけになったりもする。シンクタンクが政策研究を、本来的に社会が必要としている内容に応じて自由にできるのは、全くヒモのついていない資金を持っているからである。

ノンプロフィットであることは、アメリカのシンクタンクの必要条件ではないが、シンクタンクとして独自の研究をおこなうための資金を、広く市民や企業から集めるための手段として一般化している。そのことがシンクタンクの政府や企業からの独立性を保つことにもつながっている。

日本の場合は、平成10年にNPO法はできたが、個人や企業がノンプロフィット機関に寄付をし

ても、その団体が公益社団や公益財団、あるいは認定NPOなど、特定の認定を受けていない限り、それが税控除の対象にならない。そのためアメリカとは全く状況が異なっている。KPIは公立大学法人の中の機関であるため、大学への奨学寄附金の形で寄付して頂いた団体はその寄付額を税控除の対象にできるので、今後こうした寄付も財源の一つとして考えていきたい。

■ **地域の大学が果たすシンクタンクの役割**

平成6年に開催されたアトランタオリンピックでは、アトランタが立候補を表明してから、オリンピックが終わって、オリンピックの波及効果についての議論が終結するまで、一貫して、地域の大学が、調査、計画の立案、役所への様々な政策提案などを行ってきた。

ジョージア工科大学（州立）は、アトランタが立候補する際の、プレゼンテーションを、コンピュータグラフィックを使って表現して見せた。もちろん、単にプレゼンテーションを作成しただけではなく、事前の調査、分析を行い、具体的なオリンピックの開催計画、競技場計画等の立案に参加した。ジョージア工科大学は、その功績が認められ、オリンピック委員会から、選手村の住宅を含む多くのオリンピック施設の建設を大学構内に求められ、オリンピック後も積極的な利用を行っている。

その他の大学でもジョージア州立大学は、オリンピックの地域への波及効果の試算や計画づく

りに参画した。それだけが理由ではないが、ジョージア州立大学ではオリンピック用に体育館の改装が行われるとともに、選手村の一部を学生寮として使う権利を得た。さらには、モアハウス大学のメディカルセンターが薬物試験センターの設置に協力し、バスケットボールアリーナの整備が行われた。

このように、アメリカでは、地域の大学がそれぞれ持っているノウハウを駆使して、一種の地域シンクタンクの役割を果たしている例は多い。ボストンでは、市街地や港湾部の再開発、再整備にマサチューセッツ工科大学（MIT）やハーバード大学の教授陣が参画しているし、テキサス州のオースティンでは、地域の経済発展政策において地元テキサス大学（州立）が重要な役割を果たしている。さらにシアトルではワシントン州立大学、ノースキャロライナ州では州立大学群、メリーランド州ではメリーランド大学（州立）というように、各地の大学が地域のシンクタンクとして活躍している例は多い。

KPIも今はまだ小さな役割かもしれないが、今後の活動展開を考えるとき、ぜひ地域での重要なシンクタンクとして役割を果たしていきたいと考えている。

■ **シンクタンクKPIの役割**

最後に、シンクタンクとしてのKPIの役割について考えたい。上記に書いたように、KPIがアメリカのシンクタンクはアメリカ型のシンクタンクの要素を兼ね備えている。しかし、KPIが

クの真似をする必要は全くない。むしろ独自の形を作っていくことが必要である。

今後我が国で重要になるのは、国政レベルでも地域レベルでも、市民と行政、政治をつなぎ、客観的、科学的データや資料と綿密な分析に基づくぶれない政策提言を行うシンクタンクの役割である。シンクタンクがもっと色々な政策形成の場で活用されていけば、我が国はもう少し住みよい国になるかもしれない。

ただ、我が国でシンクタンクが一足飛びに政策立案の役割を果たしていくのは、現実には難しい状況にある。しかし、シンクタンクがまず市民と行政をつなぐ架け橋としての役割を果たし、市民を焚き付け、行政を巻き込み、市民と行政の「市民協働」の仕掛人でありコーディネイターとしての役割を果たしていくのであれば、シンクタンクの存在意義は飛躍的に高まってくると信じている。

ＫＰＩは大学という研究人材の宝庫をふんだんに活用しながら、客観的、科学的なデータ分析とそれに基づいた説得力ある新しい政策提言を行政との協働で行い、一緒になって新しい政策形成を行っていける機関としての役割を果たしていきたいと考えている。

1 以下の内容は平成14年に筆者が21世紀ひょうご創造協会の30周年記念誌に投稿した「アメリカの公共政策立案におけるシンクタンクの役割」の一部を加筆修正して論じている。

2 ＮＩＲＡ（総合研究開発機構）世界のシンクタンク Directory
http://www.nira.or.jp/past/linke/tt-link/lec/lec-179.html

3 上野真城子・鈴木崇弘著「世界のシンクタンク」サイマル出版会 平成5年12月

コラム 「場の力」を活かして！

京都府府民生活部府民力推進課長　鈴木康久

　京都政策研究センターには平成21年度から地域力再生プロジェクトに関する調査研究をお願いしています。協働研究のテーマは「地域力再生のための政策事例研究」や「交付金の効果に関する検証研究」などで、貴重な研究成果をいただいてきました。
　昨年の夏、活動継続に係る要因分析の研究会。人材や行政の役割から活動の対価へと議論が移り、「必要なのは雇用としての仕事ではなく、報酬が得られる場づくり」との発言。「そうだよね」と頷ける一言を議論の中に探している自分があります。もう一つの魅力は、職場と異なる空間が生みだす「場の力」。的確な「問い」によって導かれていく「答え」。
　知恵や情報を提供する従来型の「シンクタンク」、自らが動きアクターを繋ぎながら課題解決の提案をしていく「ＤＯタンク」。大学には「知識」や「知恵」に加えて、不思議な魅力に包まれた「場の力」を持つ新たなシンクタンクとして、地域振興に大きな役割を担うことを期待しています。

コラム バカの壁をこえて、時代は「協働」から「融合」へ

京都府府民生活部副部長府民総務課長事務取扱　梅原　豊

　私とセンターとのお付き合いは、センターが設立された年から始まります。平成19年度から始めた地域力再生プロジェクトの評価をすべく、府立大学の先生方と活動団体にヒアリングをし、調査報告書にまとめ、成果発表会を行いました。その後も、公共空間活用推進事業の制度設計、今年度の第２回目のプロジェクトの評価と、毎年のようにお世話になり、センターの事務室でお菓子をつまみながら、議論をしたことを思い出します。
　児童虐待や限界集落など、地域発の課題が次々と発生する昨今ですが、その解決の鍵は、専門分野や役所、大学といった固定した組織に固執するバカの壁をひらりひらりとこえ、様々なセクターの協働、更に進んで、仕事の仕方や組織そのものを時には機動的に融合させて、思いやノウハウを持つ人が必要なチームをつくって解決していくことにあります。
　まだまだ高いバカの壁を溶かす溶解剤として、京都政策研究センターのますますのご活躍を期待しています。

> **コラム**　　　　Think outside the box
>
> 　　　　　京都府立大学公共政策学部講師　**竹部晴美**
>
> 　大学教員になって丸２年が過ぎました。大学の授業では、私が未熟なため、一方通行になりがちで、理想とする双方向授業を行うのがまだ課題であり目標です。そんな折、下鴨サロンでの報告の機会を頂いたので、思い切ってパワーポイントを使い、参加してくださった方々と意見交換に重点を置きながらの報告をしました。その結果大変楽しい報告になりました。効果的な授業方法を模索中の私には、下鴨サロンでの報告が惰性を破る一つの突破口になったような気がして感謝しています。
> 　私が大学生だったころ、「守破離」という言葉を教わりました。「守」は、師についてその流儀を習い、その流儀を守って励むこと、「破」は、師の流儀を極めた後に他流をも研究すること、「離」は、自己の研究を集大成し、独自の境地を拓いて一流を編み出すことだそうです。いまの私は「守」もままならないないわけですが、まずは下鴨サロンで掴んだ感覚を授業に生かし、私の師匠を見習って学生を魅了する授業ができるよう頑張りたいと思います。

> **コラム**　　　　　公共政策学とシンクタンク
>
> 　　　　　京都府立大学公共政策学部准教授　**窪田好男**
>
> 　公共政策学とは何か。それは学問を使ってよい政策をつくるだけではなく、よい政策を産み出す制度や技法や人をつくり、政策過程をよい方向に変革し、よりよい社会を実現しようとする学問です。その実践では、学部・大学院におけるよい政策のつくり方や政策評価の技法や制度についての研究・教育がまずもって重要ですが、それに加えて必要とされるのが大学のシンクタンクです。国や地域の基本的な政策課題について独自の視点を文書にまとめて政策決定者や行政機関に提示すること、政治改革・行政改革の必要性についてモニターし、必要な場合にどのような改革をすればよいか案を示す ―それも不正の防止や効率化だけではなく国や地域の将来ビジョンを明確に持ち、そこから改革の必要性や方向性を示す― こと、例えば地方議員を対象とする研修のような学部・大学院ではやりにくい教育・研修に取り組むことなどが必要だとされています。こうしたことに取り組み、政治家や行政職員と大学・研究者との交流を活性化するとともに、政策過程に大学・研究者を適切に組み込むことが京都政策研究センターの役割です。

第3章　KPIの機能と活動　～進化するシンクタンクへ～

杉岡　秀紀

本章では、まず京都政策研究センター（以下、KPI）の機能と活動、すなわち「KPIとは何をしているところなのか」というところに焦点を当て概説する。その上で、後半では、KPIの活動を執行するための意思決定システムや人員体制、財政構造など運営体制についてもやや踏み込んで省察してみる。最後には、現在KPI抱えている課題を整理した上で、私案であるが、KPIの今後についてささやかな提言をしてみる。

第1節　KPIの機能と活動

（1）KPIの機能

KPIの機能は、①行政職員等の政策立案能力の向上、②京都府政の重要課題に関する研究、

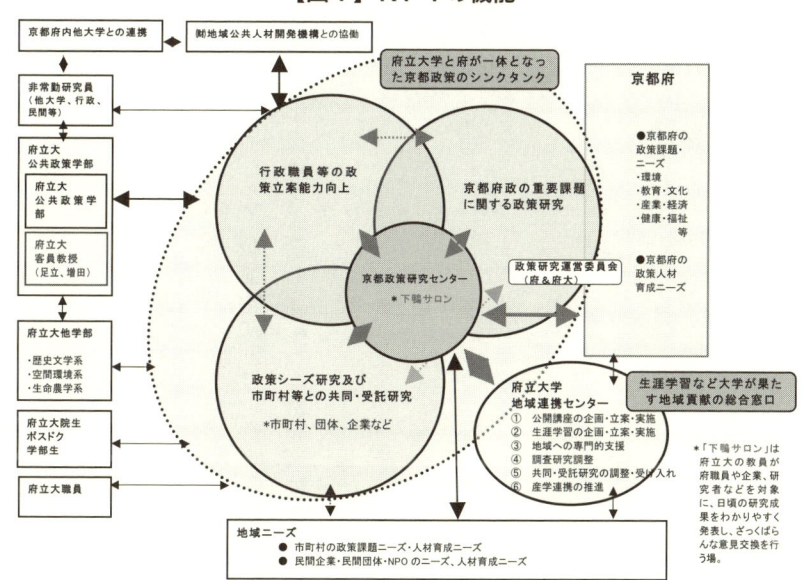

33　第3章　KPIの機能と活動　～進化するシンクタンクへ～

③政策シーズ研究及び市町村等との共同・受託研究　の3つに大別される【図1参照】。

①については、単独でというよりは、「大学シンクタンク」として期待される大学ならではの特徴で応える機能と言える。②については、京都府政の重要課題に応えるもので、公共政策学部・生命環境学部・文学部と中規模ながらも「総合大学」を標榜する京都府立大学としては、まさにその総合力の発揮が求められる機能である。③については、京都府だけでなく、京都府下の市区町村、また民間団体のニーズに応えるもので、とりわけ大学機能が十分ではない京都府北部や近隣自治体、また広義の公共サービスに資する民間団体とのつながりの中での課題解決を重視した機能と言えよう。

いずれにせよ、上記の3機能とも、まさにKPIの設立の趣意に沿うものであり、

【図1】KPIの機能

一言で言えば「政策研究を通じた大学の地域貢献・社会貢献」としての機能を果たすものである。巻頭言における渡辺学長のあいさつにある通り、本学においても「大学の地域貢献」はもはや、教育・研究と同じく、大学の3つ目の使命（ミッション）に位置付けられており、受動的な姿勢ではなく、積極的、戦略的に取り組む段階に入っている。したがって、KPIより1年前に設立された「地域連携センター」とも連携・協力しながら、KPIとの補完関係・協働関係を構築している。具体的な仕掛けとしては、KPIの企画調整マネージャーが地域連携センターの副センター長、企画会議委員が地域連携センターのコーディネーターを兼務しながら、常時、情報共有ができる体制を構築している。

以上をまとめれば、KPIの機能とは、

① 人材育成機能
② 政策提言機能
③ 調査・研究機能

の3つの機能を通じた地域貢献とまとめられる。

（2）KPIの活動

KPIの活動は、大きく、①政策提言活動、②教育・研修活動、③調査・研究活動、④広報活動、⑤その他に分類できる。

① 政策提言活動

第3章 ＫＰＩの機能と活動 〜進化するシンクタンクへ〜

政策提言活動としては、毎年京都府からの相談・提案を受け、年4テーマほどを協働研究として実施している。この研究では、府の重要政策課題を対象に、複数テーマについての「研究会（ワーキング・グループ）」を京都府等行政関係者と共に設置し、現場での実態調査、分析・評価などを実施するとともに、地域の課題解決に貢献するための政策提言を行っている。これまでのテーマについては、巻末の資料編をご覧頂きたい。

②教育・研修活動

教育・研修活動としては、大きくは2つの取組があり、1つ目が「連続自治体特別企画セミナー」の開催である。このセミナーでは、市町村職員・議員、研究者、学生等を対象に、年5〜6回、幅広い視野から地方自治に関する知識の習得と政策形成能力の向上を図るため、自治体の事例などを基に、第一線の学識者と自治体等の実務経験者を招聘している。もう1つの取組は「肩書きを外し、既存の

協働研究の様子（研究会）

協働研究の様子（現地調査）

の政策の枠組みにとらわれないざっくばらんな政策議論の場」として開催している。平成23年度までは全て府立大学で開催していたが、平成24年度からは「出前サロン」ということで、京都府庁内でも開催している。これまでの講師とテーマは巻末の資料編をご覧頂きたい。

③ 調査・研究活動

京都府立大学には、「ACTR（Academic Contribution To Region の略）」という地域貢献型特別研究制度がある。実施主体は地域連携センターで地域課題に取り組む府民の活動を支援するために、本学教員を中心に構成する研究プロジェクトチームが、一般公募した多様な課題について調査・研究を実施することにより、京都府政の推進と地域の発展に寄与し、社会的貢献を果たすという活動である。このACTRにあがってくるテーマは、いずれも市区町村のニーズに基づいていることから緊急度及び優先度も高く、また審査が通れば一テーマ当たり約100万円の研究費が付くことから、KPIでも京都府以外のパートナーと協働する調査・研究活動として参画し

連続自治体特別企画セミナーの様子

下鴨サロンの様子

第3章　KPIの機能と活動　〜進化するシンクタンクへ〜

ている。平成24年度は宮津市からの依頼を受け、「大学と地域との協働によるまちづくり」に関する協働研究を実施した。

また、ACTR以外にも、近隣の市区町村や企業等からの直接相談や依頼があり、取り組む受託研究も積極的に進めている。平成24年度は、京都市左京区役所からの相談を受け、「左京区久多地域のニーズ調査及び将来に向けた地域課題解決方策の検討」をテーマに調査研究を実施した。

④ 広報活動

KPIの広報についてはかなり力を入れ、取り組んでいる。まずセミナーにおいては、平成24年度からはUstreamを活用し、リアルタイムでの中継も行った。当然のことながら、講師の許諾が得られた回に限られるが、こうしたアーカイブそのものがKPIの知の蓄積となっている。次に協働研究については、それぞれのテーマごとに報告書を作成している。今後はこうした成果物についても積極的に公開していきたい。KPIそのものの広報媒体としては、ホームペー

宮津市とのACTR研究の様子①

宮津市とのACTR研究の様子②

ジ、SNS (facebook)、メールマガジン（毎月配信）、ニュースレター（隔月発行）、パンフレットの5媒体を活用し、情報の発信に努めている。とりわけ、facebookページについては、平成24年度からの取組であるが、「顔の見える関係」づくり、「双方向のコミュニケーション」につながっており、今後、主軸になっていくと思われる。

⑤ その他

その他の取組としては、学内外の各種イベントへの共催・協力・後援を実施している。これはKPIが主催する活動以外で関係団体との議論の中で生まれたイベントや年度途中で相談があった案件に応えるものが多い。とはいえ、結果から言えば、KPIの知名度向上にも大きく貢献している。平成24年度については、京都府の南部地域の活性化のための勉強会「京都市南部近郊地域活性化フォーラム（主催：大阪ガス）」の共催や、「スマートライフシンポジウム（主催：京都産業エコ・エネルギー推進機構 京都力結集エコ住宅実証・普及プロジェクト）」の後援を行った。

以上をまとめれば、KPIの活動とは、

① 調べる・提言する
② 場をつくる（気付く、人と人がつながる）
③ 伝える・広げる

この3つキーワードに収斂していく。

第2節　KPIの運営体制

(1) KPIの意思決定システム

KPIの意思決定システムは、【図2】にあるように、「縦横の2層構造」となっている。まず「縦」の方は、前年度の成果を受け、当該年度の活動計画や予算計画を決定する「企画会議」がある。この会議は規程によりセンター長、公共政策学部長、各学部から選出された教員で構成され、年1〜2回開催される。一般の組織で言えば、取締役会や理事会に当たるだろうか。

次に「横」に位置するのが、「政策研究運営委員会」。この会議も年1〜2回の開催だが、京都府の大学政策の窓口である戦略企画課とともに一年間の企画を議論し、策定する（構成員は運営要領のとおり）。通常の組織であれば、このように外部の団体と一緒に年間の企画を決めることはないと思われるが、この点が「京都府のシンクタンク」も標榜するKPIならではの意思決定の仕組みとなっている。

最後は「事務局会議」。この会議は次に紹介するセンター長を含む常勤4名の教員と1名の研究員から構成され、毎週1回開催されている。「パワーランチ」という言葉があるが、まさにランチをしながら、細かな「ほうれんそう（報告・連絡・相談）」から「様々な企画のブレスト（ブレイン・ストーミング）」までの議論を行っている。まさにKPIにとって日常の核となる意思決定システムと言える。

以上、KPIの意思決定システムをまとめれば、

① ステークホルダー（利害関係者）の「外の目」の内部化
② 「縦横」の対話による意思決定
③ コミュニケーションの「量質」担保

の3点がその特徴と言えるだろう。

(2) KPIの人員体制

KPIの人員体制は、【図3】のように同心円で捉えるとイメージしやすい。1つ目の円は日常的に関わるスタッフで、ここでは便宜上「コアスタッフ」と呼ぶ。2つ目の円は、先に述べた大所高所からの意思決定のための集まりで、ここでは便宜上「意思決定ボード」とする。3つ目の円は企画・プロジェクト、研究テーマごとに集まる緩やかな集まりで、便宜上「協力サポーター」と呼ぶこととする。

【図2】KPIの意思決定システム

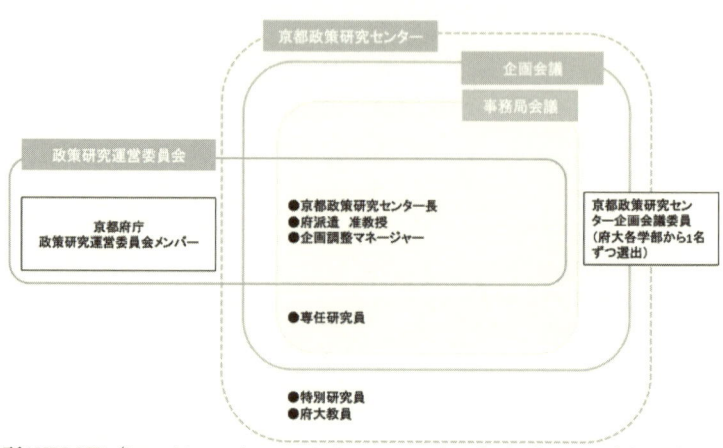

(出所)KPI HP（http://www.kpu.ac.jp/contents_detail.php?co=cat&frmId=2546&frmCd=26-1-2-0-0）

詳述すると、「コアスタッフ」については、センター長1名、企画会議委員3名（うち1名は企画調整マネージャー兼務）、専任研究員（事務局）1名から構成されている。付言すれば、民間シンクタンク（理事長）経験者をセンター長に据え、専門的な知見やもとよりマネジメント等においても民間のノウハウを導入できる仕組を構築したい。企画会議委員には、公共政策学部の学部長経験者、京都府からの出向教員、国家公務員やNPO経験のあるスタッフが配置され、「KPI」の内外を人でつなぐ」仕組を構築している。加えて、事務局を担う研究員には府立大学の大学院修了者を採用し、学内のことを掌握しつつ、研究面でも一定の知見を持った事務局体制を整備した。すなわち少人数ではあるが、「組織は人なり」の言葉通り、それぞれの持つバックボーンを最大限生かした体制を戦略的に敷いている。

次に「意思決定ボード」については、学内規定によりメンバーが決まっている。繰り返しになるが、「企

【図3】KPIの人員体制

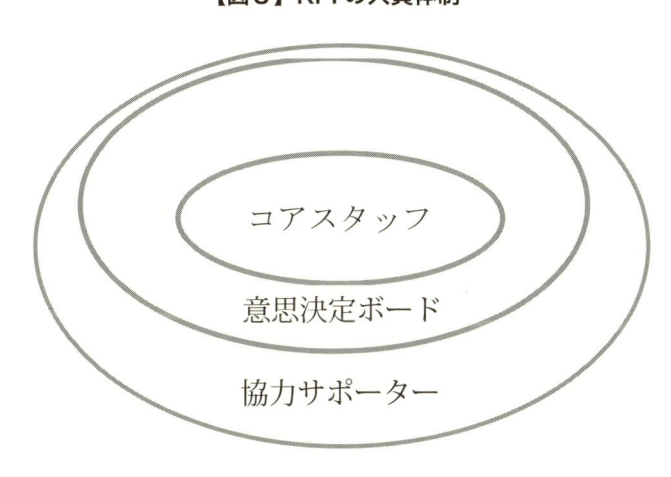

コアスタッフ

意思決定ボード

協力サポーター

画会議」については、センター長、公共政策学部長、文学部教員1名、生命環境科学研究科教員1名、から構成されている。また「政策研究運営企画課会」についても、京都府戦略企画課長、同担当課員、コアスタッフで構成されていると先に述べた通りである。

最後に「協力サポーター」については、KPIの活動ごとによってそれぞれメンバーが違ってくる。たとえば、協働研究でもそのテーマによって声をかける教員が変わる。また人数も教員が一人に依頼することもあれば（個人型）、複数の教員にお願いしプロジェクト形式で進める場合もある（プロジェクト型）（【図

【図4】協力スタッフの2つの型

《個人型》

教員 ← 協力要請 / 専門知の提供 → コアスタッフ

《プロジェクト型》

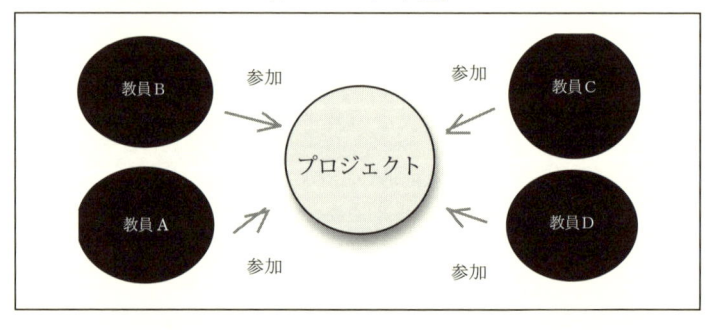

教員B → 参加 → プロジェクト ← 参加 ← 教員C
教員A → 参加 → プロジェクト ← 参加 ← 教員D

以上をまとめれば、KPIの人員体制の特徴は、

① セクターを超えたメンバーを基軸にコアメンバー形成
② 開放性のある「プロジェクト・ベース」によりチームビルディング
③ それぞれのスタッフが持つ強みやネットワークを活かし緩やかな連携体制を構築

この3点に集約されるだろう。

4）参照］。

（3）KPIの財政構造

KPIの財政規模は700万円前後であり、極めてコンパクトな財政構造となっている。収入に関しては、①大学としての予算、②府からの委託、③その他収入、の3つの入口に大別される。このうち一番割合が大きいのは①であるが、これは専任スタッフ（研究員）の人件費が含まれるためである。次に大きいのは②であり、これがKPIの主要活動でもある「京都府との協働研究」のための予算である。なお、平成24年度で言えば、4つのテーマで受託したが、単純に4分の1ずつではなく、テーマよって配分が変動する。③は、市町村や民間企業からの受託研究の委託費である。これは年によっても額が変動するが、シンクタンクとして重要な外部収入となっている。ともあれ、現在のところは、良くも悪くも収益活動がないために、委託費が主たる財政の基盤となっている。この点については後述するが、組織としての持続可能性を考えた場合はよく検討の余地があろう。

いずれにせよ、KPIは、大学のシンクタンクだけでなく、府のシンクタンクとしての顔を持つため、バランスはともかく、今後もこのように大学内外と対話、連携・協働しながら、活動と予算も組み立てなければならない。

以上をまとめれば、KPIの財政構造は、
① 大学から専任スタッフの人件費を獲得し、安定的な事務執行の為の財政基盤を形成
② 京都府や関係自治体から受託事業を獲得し、調査研究のための資金に充当
の2点に特徴を見出すことができよう。

第3節　KPIの課題と今後の展望

本章を締めくくりに当たり、現在KPIが直面している、あるいは今後直面するだろう課題とささやかながらその解決の方向性について提言してみたい。

(1) 地域窓口の明確化

先に述べたように、現在府立大学には「地域連携センター」という地域連携のための窓口があるが、KPIでも独自に京都府や府下の市区町村と関わっている。また、平成25年度以降は文部科学省の「大学改革実行プラン」[2]で構想された「COC (Center Of Community 地域の核としての大学)」にどう全学的に対応するかも問われるようになる。こうした内外の状況を踏まえ、今後は対外的

な地域の窓口を統合・一本化するのか、それとも機能別分化させるのか、その当たりを外部から見ても分かりやすいように調整し、明確化させなれければならない。

(2) スタッフの拡充と財源の確保

現在は8割の財源を大学に頼っている。また、現在のスタッフのほとんどが大学の本来業務との兼任である。しかし、今後の事業拡大を見込むのであれば、やはり専任の研究員の拡充や事務体制の強化が欠かせない。そのためには、大学の独自予算だけでなく、いかに独自財源を確保するかが重要になる。とはいえ公立大学という特性も鑑みれば、そもそも急激に予算が増加することも想定されない。その意味では、今後は有料の研修活動の実施や出版物の販売など「非営利な収益活動」も検討する時期に来ている。

(3) 法人化の検討

上記も踏まえれば、公立の総合大学としての資源を最大限活かしつつ、マネジメントに関しては、独自の意思決定、独自のスタッフ及び財源を確保するための工夫が必要になってこよう。やや突っ込んだ提言をすれば、法人化の検討も一案である。昨今は大学業務のサポートをするための株式会社の設立が相次いでいるが、イメージとしてはスタンフォード大学から独立した「SRIインターナショナル」[4]のような大学発シンクタンクであろうか。当然その際には、本学は公立大学としての顔も鑑み、自治体シンクタンクとの関係も一定整理しなければならない。いずれに

せよ、今後は、地域貢献としての大学発シンクタンクとして役割は益々大きくなることは必至である。そのためにも、KPIは「自らをシンクしながら、社会を進化・深化させるシンクタンク」であり続けなければならない。

1 詳細は京都府立大学ホームページ(http://www.kpu.ac.jp/contents_detail.php?co=kak&frmId=1909)参照。
2 文部科学省ホームページ(http://www.mext.go.jp/b_menu/houdou/24/06/1321798.htm)参照(平成25年2月10日閲覧)
3 大学内の購買会管理活動、施設管理活動、物品調達活動、印刷活動、保険活動、学生サービス活動を専門的に行う株式会社。
4 1946年にスタンフォード大学によって設立されたシンクタンク。知識、商業、経済繁栄、平和に寄与する科学技術の発見とその応用に取り組んでいる。SRIは1970年に大学から分離独立し、ぬ1977年に現在の「SRIインターナショナル」の形となっている。科学者、エンジニア、科学技術者、政策研究者から、本部職員、サポートスタッフに至るまで、SRIには広範囲の学問分野の知識と能力を備えた人材が揃っており、全世界に2100名以上のスタッフを擁する。
5 全国の自治体で広がっているが、他方で、仙台都市総合研究機構」のように廃止されたり、「豊中市政研究所」のように内部組織化した例もある。

コラム　　　　下鴨サロンを振り返って

　　　　　　　　　　　　　　　　公共政策学部講師　**朝田佳尚**

　平成24年度下鴨サロンの第3回を担当しました。夕暮れ時でしたが真夏であり、冷房が使えないために大変暑かったのをよく覚えています。70～80人は入りそうな広い部屋に扇風機を数台回して対応するという環境の中、参加していただいた皆様には改めて感謝を申し上げます。
　論題は「防犯カメラが増加したのはなぜか　2000年代の日本を振り返る」というものでした。近年における防犯カメラの急増はいかなる社会の変化と結びついているのかというのがその内容です。話題提供の後には、フロアから多数の質問やコメントをいただき、大変興味深い議論が展開されました。そうしたやり取りを通して、私自身も実務の立場から見える社会の現状をいくらか感じ取ることができました。実務と学究の出会いや相乗効果という下鴨サロンの目的のひとつに少しは貢献できたかもしれません。気温だけではなく、大変熱い空気に包まれた一日でした。

コラム　　　　「下鴨サロン」依存症

　　　　　　　　　　　京都府政策企画部戦略企画課長　**倉石誠司**

　私が国交省から京都府に出向して2年半が過ぎたが、着任当初から、KPIとの関わりは深い。
　中でも、課業時間後、夜にかけて府庁の有志職員と大学の先生方らが肩書を排して意見交換を行う「下鴨サロン」は、大変有意義で、ほぼ毎回参加している。このサロンは、雑多な案件さばきに追われがちな私の府庁生活において、顔を伏せてうずくまる知的好奇心を一気に蘇らせてくれる、大変心地よい"憩いの場"である。テーマは、それこそ土地の損失補償からドラック依存症まで多種多様であるが、めくるめく繰り広げられるディスカッションの中で、人生や仕事についても"気づき"を感じることも多い。
　さらに、知恵熱が最高潮になり、お腹も空いてきた夜8時頃から引き続いて北山界隈で開催される「下鴨サロン後編」（いわゆる懇親会）がまた秀逸で、京都の未来を語る高尚な議論だけでなく、時には何気ない世間話に花が咲き、知恵熱が一気に冷めきることも（笑）。この絶妙な？コラボレーションが生じさせるある種の中毒症状により、私はまた「下鴨サロン」に足を運ぶことになるのである。

第4章 京都府から見た、大学発シンクタンクの意義

[特別寄稿1]
地域貢献への切り札としての「京都政策研究センター」の誕生を間近に見て

籔中 直

　現在、私は京都府職員研修・研究支援センターで執務している。5年前の3月に京都府立大学公共政策学部（以下「本学部」という）の第1期新入教員としての採用（任期2年）が決まった。着任前の私には一定のノルマが用意されていた。第一には、本学部と京都府の共催による新学部開設記念シンポジウムの企画、第二に、本学部の2回生以上のカリキュラムの京都府との連携協働科目の事前準備であった。そのほかにもいくつかあったが、「京都政策研究センター」に携わるという具体的指示はなく、当時はまだ、全く思いも付かなかった。

第4章 京都府から見た、大学発シンクタンクの意義

着任後に本学部の教員会議に何回か参加を重ねる中で、いわゆる京都府公立大学法人の「中期目標」(今後6年間に達成すべき業務運営に関する目標。設置団体である京都府が府議会の議決を経て制定)に沿った、本学の「中期計画」の策定作業が喫緊の課題となっており、その中で、本学が標榜する、「京都府における『知』の拠点」を担う方策の一つとして、「シンクタンク機能の強化と行政職員等の能力向上を図るため、「公共政策研究センター（仮称）」の設立に向けた検討を行う」という記述があり、「担当教員（案）」の欄に私の名前も記載されているのに目が止まった。その時に頭をよぎったのは「自治体シンクタンク」という言葉だった。私は現在の執務場所に配属されるのは2回目である。最初の配属は平成4年4月～平成5年12月までで、自治大学校への派遣（平成4年4月から6箇月）の後に、当時から懸案とされていた、政策系研修の先進県調査地として「東京都職員研修所（研究部門として「調査研究室」を設置）」や「神奈川県自治総合研究センター」を視察する経験を得た。いずれも自治体内部に研究部門を持つ有数の団体で、自前の職員が研究員として研究活動に従事し近隣の大学の学識経験者が客員研究員として関わる形であったと記憶している。このため、「なぜシンクタンクを、自治体内部ではなく大学に作るのか？」という疑問が沸いたのであるが、中期目標期間6年間で行うべき計画課題であり、「設立に向けた検討」という表現からも、疑問として残したままにしていた。

ただ、この疑問はしばらくして、大きな関心事に変わった。それは、現在のセンター長である青山公三先生の着任である。諸般の事情で半年遅れの着任となられたが、先生のこれまでの輝かしい御経歴に照らし、「公共政策研究センター構想（仮称）」の早期具体化が急浮上し、その代表

責任者として青山公三先生に学長から御指名があり、同センター構想が検討課題から現実の課題へと変貌を遂げたのである。結果、前記中期計画で担当教員の末尾に名を連ねていた私も、当時の森本幸治事務局長の傍らで具体化のため協議検討に間近で関わることができた。

こうした動きの中で、一番のテーマは「公立の大学であるが故の地域貢献」であった。先述の自治体シンクタンクでは、勢い自治体内部の必要性を反映した研究になりがちであり、情報公開が格段に進展した現在においては、常に「府民目線から見た地域貢献」が求められることだ。このためにも、自治体内部でなく、外部にシンクタンクを持つ意義は大きい。とはいえ、当初から府立大学と京都府一体による共同設置(あるいは共同運営)の形を想定して検討が進められていたため、研究成果の政策(京都府政)への反映という面も確保されているという位置関係も見逃せないとも感じていた。加えて、青山公三先生が考案されたセンター構想模式図で今も印象に残っているのが、公立大学であるからこそできる、中立的な立場からの、府内大学間の連携や関係大学相互乗入れによるコンサルテーション活動を「主導」していくという取組スタイルであった。当時の私には、京都府をバックに持つ強みを生かせる、不可欠な要素として鮮烈に焼き付き、その当時は、「府大発」の大学コンソーシアム『政策研究版』を目論むものと理解していた。

その後、この構想が、京都府の猿渡・麻生両副知事との協議を経て、山田知事との最終協議に至るに当たり、正式名称を「京都政策研究センター」と銘打たれて、結実したのである。

平成21年9月に、山田知事にも御臨席いただき、現在の場所(「職員研修・研究支援センター」)に「京都政策研究センター」の看板の掲出式が執り行われた。直前に府政記者に対する事前レクを設定

していたので、数社の記者に取り囲まれる中、山田知事の口から出た言葉は「小さく産んで大きく育てる」とのことであった。まずは、京都府と府立大学の協働・連携の基本スタイルの確立が最優先であり、そのための足がかりとして当センター（府大・京都府による共同運営方式の定着）に大きな期待をかけられているのだと合点させられた。

当センター開設後に私の携わった期間は、8箇月と短かいものであったものの、当センター主催事業として関わった「下鴨サロン」（京都府職員と本学部教員が肩書きを外してざっくばらんに議論し交流する「気楽なサロン」）は現在も、「下鴨『出前』サロン」（開催地を、府大から京都府庁に移しての開催）という新たな形式も取り入れられ、厚みのある事業に成長し取り組まれていることは嬉しいことであるし、同じく初年度からスタートした、「京都府との協働研究」も時々刻々の情勢（政権交代、等々）を反映させながら京都府とタイアップした基幹的な取組として現在も順調に成果を上げられていることは誠に喜ばしい限りである。ただ唯一、在職時に、生来の機械音痴が災いし、タイムリーかつビジュアルな広報や報告とりまとめが思うに任せず、当時のセンター長であった小沢先生や企画調整マネージャーの青山先生には大変な御負担や御心配をお掛けしたことが今もって不本意であり、現在の執務場所（職員研修・研究支援センター）に在籍する限りは前記サロンなどへの積極的な参加等、微力を尽くしたいと考えている。

以上、ただただ誠に雑ぱくな内容で、甚だ心苦しいところだが、このあたりで私の府立大学在籍当時の「京都政策研究センター」にまつわる回想とさせていただくこととしたい。

［特別寄稿2］
つなぎ役から変革の場へ

奥谷　三穂

はじめに

　京都府立大学へ派遣されたのは平成22年6月から平成24年3月までの1年10か月であった。平成23年3月には東日本大震災が起こり、日本社会の大きな転換点を大学という研究と教育の場で迎えた。私自身、平成15年頃から環境と文化をテーマに研究を続けていたこともあり、このような時期に大学の先生方との研究調査、学生たちとの講義やゼミを行うことができたことは貴重な経験となった。中でも、京都政策研究センターの業務では、受託研究やACTR（京都府立大学地域貢献型特別研究）を通じて、京都府の政策と大学における地域貢献のあり方の両方を考えることができ、大変意義あるものであったと考える。順に、京都府からの受託研究、宮津市を中心に取り上げたACTR、先進事例調査として視察した山梨県早川町の事例を紹介しながら、京都政策研究センターに求められる役割と意義について述べることとする。

1 京都府受託研究を通じて見たセンターの役割

 センターが府から受けた受託研究の中から、地域環境政策(担当課:府民力推進課)、地域力再生事業(担当課:府民力推進課)、里力再生事業(担当課:農村振興課)を取り上げ、センターの役割と課題について振り返ることとする。

 「地域環境政策」では、平成21年度に京都府を中心に立ち上げた「京都環境文化学術フォーラム」の企画運営メンバーである総合地球環境学研究所、京都大学、国際日本文化研究センターの研究者と京都府立大学の研究者がセンターに会し、毎年2月に開催される国際フォーラムの企画と出演者調整を行った。平成22年度は『グローバルコモンズを目指して‐自然と文化を大切にした幸福な社会』をテーマに、ブータン王国から第4代国王の王女をお招きして開催した。フォーラムに先立ちセンターでは、GNH研究所所長平山修一氏や千葉大学の広井良典教授らを招き、「幸福な社会」をテーマに研究会を開催し、これらの成果を踏まえてフォーラム・スペシャルセッションでは府立大学から発表を行った。

 平成23年度は『グローバルコモンズを目指して‐東日本大震災から考える未来への道‐』をテーマに開催し、事前の研究会では、8月に震災被災地調査を行った中から岩手県大槌町職員の佐々木健氏らをお招きし、復興のあり方について議論した。フォーラム・スペシャルセッションでは、佐々木健氏にはフォーラムの国際シンポジウムにおいてアニミズム研究者の中沢新一氏を招き、

報告を行っていただいた。

このフォーラムは、4つの大学・研究機関を中心に企画される国際的な学術フォーラムであり、世界的な潮流や課題を見据えて各国に共通する未来の方向性を考えることが求められており、行政の事務局で企画するには限界があると考えられる。センターでは、テーマに関する研究を学部横断的に行うとともに、これら4つの機関のまとめ役となり、府とをつなぐ役割を果たすことができるのではないかと考える。

「地域力再生事業」では、府の地域力再生プロジェクトにおけるこれまでの取組の評価を踏まえ、新たな施策展開の可能性を明らかにするため、丹後から南山城まで府内各地域における「地域力再生プロジェクト支援事業」約10か所の調査を各学部教員が分担して行った。地域が抱える課題や活動団体が活動を継続、拡充する上での課題と、支援のあり方として、点から面へ広げる活動団体の連携のしくみ（プラットフォーム）などを提案した。また、地域力再生の成功例を基に進め方のポイントをまとめた「地域力再生マニュアル」を作成し、府のホームページにアップした。

＊「地域力再生活動の評価」平成23年度地域力再生・活性化のための政策事例研究
http://www.pref.kyoto.jp/chiikiryoku/1206407900099.html

受託研究を通じ、事業協定型のプラットフォーム事業のヒアリング調査も行ったが、概して行政主導型で行われている事業は課題が多く、地域住民が主体的に活動する中で必要に応じて府の

補助制度を利用している事例ほど成果が出ていることが明らかになった。ヒアリングでは、府の職員の立場であればお話しいただけないような実情も伺うことができ大変勉強になった。

また、これらの評価型の受託研究にあたっては、センターとしての政策評価機能を発揮するためにも、事前に受託研究の進め方を担当課と十分に協議する必要があると考えられる。

次に、「里力再生事業」では、平成20年度から「ふるさと共援活動支援事業」、21年度から「共に育む『命の里』事業」など農山村地域の再生事業への支援が行われており、これらの事業の有効性や課題について検証し、次のステージに向けた提案を行った。調査では宮津市世屋地区と日ヶ谷地区を対象としてヒアリングや現地調査を行い、調査報告会は日ヶ谷地区公民館で地域住民の方にもお集まりいただいて行った。

これらの調査研究から、特に過疎地域における政策のあり方としては、農林業対策、福祉対策、環境対策を個別に行うのではなく、政策の統合化を図る必要があること、そのためには各市町村が中心となって、各地域や地区単位での統合的な政策のしくみを作ることが必要であるとの政策提案を行った。

以上のように、地域力再生事業と里力再生事業といった違いはあるものの、地域課題は複合的、連鎖的に起こってきているものであるため、現在の行政による分野別、主体別施策では解決に限界があることが明らかになった。センターとしては、これらの地域課題に対して大学研究者の持つ専門性をセンターが中心となって分野横断的につなぎ、有効な地域振興政策を打ち出す必要があると感じた。

2 宮津市の地域活性化問題に対する大学としての地域貢献のあり方に関する調査研究（宮津ACTR）から

 平成23年度のACTRとして、大学と包括協定を締結し、かつ7つのACTRが集結している宮津市を対象に、大学が地域に対してどのように貢献できるかを調査研究した。

〈平成23年度宮津市を対象とした7つのACTR〉

- 上杉和央 「丹後・丹波の街道と信仰の歴史　宮津市を中心に」
- 三橋俊雄 「城下町・港町の風情と人情溢れる景観まちづくりに関する調査研究」
- 東あかね 「地元農林水産物を活用した食育の促進による健康づくりに関する研究」
- 田中和博 「バイオマスエネルギーを活用した過疎地域における電気自動車の普及に向けた調査研究」
- 中尾史郎 「京都府北部の生物多様性の解明と保全、ならびに地域学術情報の集積と探究拠点の構築に関する研究」
- 古田裕三 「環境浄化用竹炭加工品の科学的評価」

第 4 章　京都府から見た、大学発シンクタンクの意義

・三好岩生「丹後地方の山間地集落における『自然とうまくつき合う防災マップ』の作成と活用に関する実証的研究」

　これらの調査研究には、可能な限り各調査に参加し、各教員や学生と活動を共にしながら地域貢献のあり方を一緒に考えた。その結果、中には15年ほど前から宮津をフィールドに調査研究が行われている例もあったが、大学側では個別の研究分野ごとに成果を出せても具体的な政策提案まで行うことができず、また、他の研究分野の教員との連携や交流の場がないこと、一方の市側においても、大学の専門性の高い研究成果を直ちに政策展開することができないケースが多い上に、市役所内部での横の連携の場がないといった課題が明らかになった。

　こうした課題を解決し、研究・教育活動を通じて得られた知見を地域振興や課題解決に活用していくためには、大学と市と考えられる町村の間に、研究成果をブレークダウンし、行政課題とのマッチングを図っていく「研究蓄積・相互交流・政策展開」の場が必要であると考えた。この場では、大学からの研究成果が集積・蓄積され、地域の市町村とのさらなる検討により具体的な政策や施策が生み出され、継続的に事業への反映が行われるとともに、地域ニーズに応じて新たな研究を進めることが可能になると考えられる。蓄積を基に交流が行われ、新たな政策への転換が起こる「インターフェイス」のような役割である。また、雪かきや草刈りといった地域からのボランティアの要請に応じて学生を派遣するという体験教育の窓口機能を持たせることもできる。

のではと考えた。

そして、このような機能を持たせられるのは、センターのような、大学と府政、地域をつなぐ役割をもつ組織が最もふさわしいのではないかとの提案を行った。このACTR研究発表会は宮津市役所において、7つの部署のトップが一堂に会する場において開催した。「地域貢献する大学」を目指す上で、センターにこのような機能を持たせることは、研究と政策を継続的に結びつけることになり、大きな意義があるとの期待が市と大学双方から寄せられた。センターの機能の充実を図り、研究成果の集積と発信、地域市町村への政策展開、実習やボランティア活動など学生の地域への派遣など、多くのことが具体化できれば、大学・市町村・京都府、そして何よりも地域にとって良い成果が得られると考える。

さらに、大学の地域研究や実習教育の足場となる「地域活動拠点」の設置についても、引き続き研究と具体化に向けた検討が進められることが望まれる。

3 これからの地域振興のあり方　～山梨県早川町の事例を基に～

宮津ACTRの先進事例調査として、平成23年8月に山梨県早川町の調査を行った。早川町は人口1200人余りの山あいの小さな町でありながら、地域の自然や文化などの地域の固有性を尊重しつつ、NPO法人日本上流文化圏研究所を中心として学生や都会からの新しい風を取り入れ、それらの提案が各集落に合った形に転換されるよう上流研が支援することで、様々な地域振

第4章 京都府から見た、大学発シンクタンクの意義

興の取組が住民主体で継続的に行われている。
この事例には、これからの地域振興の成功の鍵となる要素が多く盛り込まれていると考えられ、その成功要因を分析し、宮津ACTRの研究成果への応用とともに、府の受託研究である「地域力再生マニュアル」の作成に生かすことができた。
視察に当り各地を案内くださった日本上流文化圏研究所のスタッフのみなさん、並びに辻一幸町長には、この場をお借りし心からお礼申し上げる。

上流研事務所のある地域交流センター

辻町長へのヒアリング

地域の特産物を売る「おばあちゃんたちの店」

廃校を利用した温泉付き宿泊施設「ヘルシー美里」

〈先進事例〉
山梨県早川町（NPO法人日本上流文化圏研究所）
http://www.joryuken.net/concrete5/

◆ 上流研の役割　町のシンクタンク、活性化のための中間支援組織

◆ ミッション　山の暮らしの「価値を伝え」・「担い手を育てる」・「課題を解決する」

◆ 組織規模　正会員60名、賛助会員130名

◆ 年間予算　約3000万円（約半分が町からの委託事業）

◆ 事業収入　サポーターズクラブ会費、サマーキャンプ収入、広告収入、ツアーイベント、物販の収入など

◆ 主な事業　町民2000人のホームページ、108名の町民参加による195の地域資源を発掘したガイドブック作成、地域づくりインターン学生の受け入れ、学生研究奨励制度、移住者受け入れ制度　など

「大学・都市住民」と早川町との連携のしくみ

早川町
大学・都市住民

（インターフェイス）
NPO法人日本上流文化圏研究所
～ 蓄積・交流・展開の場 ～

- 学生の提案を活用
- これまでの研究・提案の蓄積
- 情報発信「やまだらけ」の発行
- 地域住民との話し合いの場づくり
- 地域資源探しなどの支援
- 政策提案
- 学生・研究者の地域研究活動の足場
- 町役場や各集落団体とのつなぎ役
etc…

地域の自然・歴史・文化などの資源を、町民自身で掘り起こして地域の誇りを見出す。

都市住民や若者からの新たな提案を送り込み、地域の新しい価値を見出す。

＊事例の詳細は前述の「地域力再生マニュアル」を参照。

4 変革を起こす場としてのKPI

 京都府と大学を結ぶ組織として京都政策研究センターができたことは、全国的にもまだあまり例がなく、画期的なことであるといえよう。社会環境が急激に変化する中で、行政も大学も変革を求められている。政策の現場では、「連携」の必要性が声高に言われているが、地域の実情を見ови歩きして感じたのは、大学と行政がただ連携するだけでなく、相互に作用しあい、地域の新たな価値を見出せるよう変革を起こすことの重要性であった。
 センターには、大局的、客観的な視点から府政と大学を見つめ、中庸の立場に立って政策の評価と提案を行うとともに、地域課題の解決のために、真に画期的な変革を起こすインターフェイス的な役割を期待したい。

コラム　　　社会のなかの住まい

京都府立大学大学院生命環境科学研究科教授　檜谷美恵子

　住まいとそこで展開される人々の生活に着目し、それらの関係性を探っています。生活基盤である住まいは、世代をまたがり継承される重要な社会資源です。住まい手である世帯に着目すると、住まいは立地する地域の社会構造を方向づける役割を担ってもいます。
　日本の住まいは現在、少子高齢化や人口減少、社会格差の拡大など、大きな変化に晒されています。また、3.11後は、これまでにも増して、環境との共生、減災など、自然との向き合い方を再考するよう迫られています。
　研究では、「社会のなかの住まい」という観点を重視しています。例えば、京都は通りを挟んで向かい合う住宅で構成される両側町の伝統を継承しています。そうした住まい・まちのあり方は、地域社会を構成する人々の関係性にどのような影響を与えているのでしょう。そこに、超高齢社会を迎えるこれからの住まい・まちづくりのヒントがあるかもしれません。社会のグランドデザインにもつながる住生活の研究を目指しています。

大学と行政との Win-Win 関係の構築に向けて

藤沢　実

30年にわたる京都府職員としての職歴を経て、派遣教員ながら京都府立大学教員という立場となり、府立大学のシンクタンクである京都政策研究センター（KPI）の運営に携わるようになって約1年。

この間、異なる立場となって気付いたこと、見えてきたことがある。

大学教員の思いと行政職員の思い

府立大学には、KPIとは別に地域連携センターという組織があり、そこにはACTR (Academic Contribution to Region 地域貢献型特別研究)と呼ばれる府立大学ならではの目玉事業がある。

これは、府政の推進及び府域の発展に寄与し、社会的貢献を果たすため、府域の課題等に的確に対応した地域振興、産業・文化の発展等に関する調査・研究活動に対して、研究費を支援する

第4章 京都府から見た、大学発シンクタンクの意義

というものだ。

このACTRの研究費を活用し、KPIのメンバーが中心となって、府立大学と連携協力包括協定を締結している宮津市からの提案を受けて、「宮津市の地域活性化問題に対する京都府立大の地域貢献のあり方に関する調査研究」を進めており、私はこの調査研究のとりまとめ役になっている。

この調査研究は、昨年度からの継続的なもので、宮津市を研究フィールドとして、府立大学の教員が行っている多くの調査研究を俯瞰しつつ、府立大学と宮津市との連携のあり方や、府立大学の地域貢献の果たし方を模索していくというアプローチで進めている。

まず、最初に私が手がけたことは、ACTRの研究費を活用して、宮津市を研究フィールドとして調査研究を行っている各研究代表者から、調査研究の成果やメリット、行政との連携などでの課題、今後の改善方向等について、ヒアリングを行うことであった。

派遣教員として赴任間もない私にとって、各研究代表者からお聴きする話は大変刺激的であった。その理由は、まず第一に、地域や行政の課題に取り組んでいる教員のHot Heartが感じられたこと、そして第二に、派遣教員とは言え、府大教員という同じ立場である私に対して、かなり本音の話をしてもらえたのではないかと感じたからである。

調査研究の成果やメリットについては、押し並べて表現すると月並みではあるが、多くの研究代表者が地域や行政が抱える課題の解決に向けて、自分達の専門性等が発揮された調査研究によって、その道筋が付けられ、大学としての地域貢献が果たせているといった点があげられた。

そして、さらに詳しく聴いてみて私の耳に残ったことは、それぞれの調査研究は学術的価値といいう点では必ずしも高くないということである。すなわち、学術的価値がそれ程高くなくても大学の地域貢献として、貴重な時間と労力を割いて、地域や行政の課題解決に向けて調査研究を進めていくんだというスタンスを持っているということであり、まさに地域貢献を意気に感じているということだった。

ただ、この教員の側の Hot Heart は、行政職員の側の Cool Mind や行政特有の組織風土に接した時に、大げさに言うと軋轢を生んでしまうこともある。

例えば、「直接の担当課の協力は得られても、別の課の業務に関わってくると協力が得られにくくなる」といった縦割り問題。「行政のトップの意向を受け、それに沿って進めようとしても、担当課や担当者のレベルになると姿勢やニュアンスが異なってくる」といった温度差問題。「時間と労力をかけて行政職員との信頼関係を築いても、行政職員の人事異動によってご破算になってしまう」といった人事異動サイクル問題などなどである。

これらは決して府立大学と宮津市との間での独自のものではなく、大学と行政が連携する場合にかなり高い確率で起こり得る永遠の課題のようなものだ。

逆に、行政の立場からは、調査研究が学術的な成果はあったとしても、政策として活かすには課題が多く、調査研究と政策・施策との間に隙間やずれがあったり、専門的な要素が強すぎて行政に求められる総合的な対応に結びつきにくいといった声が聞こえてきたりする。

このように、大学と行政との連携には、新しい展開が生まれ、新たな発見や喜びがある一方で、

置かれている立場や求めている成果の内容や質が微妙に異なることから、双方が、ならではの不満も抱くことにもなってしまいがちである。

大学教員と行政職員との連携は、実は異文化交流であることから、お互いに、連携・交流の経験という「学び」や「相互理解」の場、そして、その積み重ねが必要なのであろう。

そこで、そういった場を設定し、両者のそれぞれの組織を束ねたり、間に入って調整を図ったりするコーディネーターの存在が求められる。

両者を単につなげていくということだけではなく、斜めから見たり、横串を刺したりすることによって、これまでの関係性を解きほぐしつつ、異なるワードを補いながら、相互の理解や気付きを促し、新しい関係性を構築するという作業が必要であると痛感している。

実践者としての行政の価値

地方公務員という立場から大学教員という立場になって、行政の価値として改めて感じたところがある。それは行政職員が実践者であるということだ。

これは当然と言えば当然のことなのかも知れないが、実は、私がこれまで、私は京都府職員が実践者であるという認識はあまり持っていなかった。それは、私がこれまで、基礎自治体ではなく広域自治体である京都府の、その中でも管理部門で長く働いていたから、余計にそう感じていたのかも知れない。

しかしながら、KPIの連続自治体特別企画セミナーで講師として来ていただく、全国的にも

知られている施策や事業を展開しておられる自治体の長や職員の方々はもちろんのこと、学部の授業で聴く、私にとって身近な京都府職員からの行政現場の取組報告も、第一線の現場ならではの情報量の多さに加えて、そのリアリティーや臨場感など、まさに実践者であることを強く感じさせるものであった。

この実践者としての意義や価値を、行政職員はもっと感じていいと思うし、もっと誇りにしてもいいのではないか。

実際、大学教員も専門家としての立場から行政職員に助言をするということだけではなく、逆に実践者である行政職員から学ぶことも少なくないのではないだろうか。

Win-Win関係の構築を目指して

行政課題が複雑・多様化し、課題解決の困難性が増すに従って、行政と大学との連携が強く求められるようになる。行政から言うと大学の知を活用させてもらおうということだ。当然のことながら、私もこれまでの行政マンとしての経験の中で、色々な形で大学教員のお世話になってきた。審議会委員、アクションプランの検討会議委員、研修の講師などなどである。

しかしながら、府立大学の教員にお世話になった機会は、私の場合は正直、あまり多くはなかった。その理由の一つ目は、京都における大学の多さ、大学教員の多さによるものである。京都府内に50ほどある大学の中で、府立大学は総合大学とは言え、教員数は約150名と決して多くはなく、府にとってはOne of Themではないにせよ、特別な存在ではなかった。

第4章 京都府から見た、大学発シンクタンクの意義

理由の二つ目は、府と府立大学との関係は、大学設置者と大学との関係であるが故に、お互いに遠慮と言うか、牽制し合うところがあり、相互理解が十分に行われてこなかったという側面があったように思える。

私だけに限ったことなのかも知れないが、府職員だった頃に、府立大学教員の個々の専門領域や研究テーマなどの情報を求めたこともあまりなければ、府立大学から積極的に広報されたいという記憶もなかった。

それが変わってきたきっかけが、平成20年度の学部再編による公共政策学部の設置と府からの大学教員、大学院生としての職員の派遣、そして、翌21年度のKPIの設置であろう。KPIでは、府の重要政策課題についての府職員との協働研究を毎年度、実施しており、また、府大教員が府職員の前で自身の研究概要を報告し、それを基にざっくばらんに政策論議をする下鴨サロンの開催も定例化している。

これらによって、府と府立大学との連携は、言わば日常化し始めたのだ。今後は、更に連携事業等の幅を拡げながら、積み重ねていくことによって両者の関係性をより広く、より深くし、強靱化していくことができるであろう。

それは、間違いなく、府にとっては公立大学を持つ最大の強みになると同時に、府立大学にとっても公立大学であることの最大の強みになるものであり、まさに大学と行政とのWin-Win関係構築のモデルづくり、そのものなのである。

コラム　　　　学生に戻る時間

京都府政策企画部戦略企画課主任　**牧野　潤子**

　京都府の事務局として、今年から京都政策研究センターを担当しています。就職後、学問の世界から遠ざかっていたので、日常業務以外のことについてじっくりと考える機会もありませんでしたし、学生時代も勉強が好き、というタイプではなかったので、最初はこの仕事が務まるのかとても不安でした。でも、センターのみなさんが温かく受け入れてくださり、今では毎回、学生に戻った気持ちで下鴨サロンに参加し、楽しく有意義な時間を過ごしています。また、先生方がどんな課題についても真摯に向き合われる姿を拝見していると、私も日々の仕事に対する態度を見直さなければと、いつも心改まる思いがします。京都府にはすぐに解決できない課題もたくさんありますが、あきらめずに粘り強く取り組み続けることは、プライベートな場面でも必要となる姿勢であり、センターのお仕事を通じて人生勉強もさせていただければと思っています。

コラム　　　　大学は"出会いの場"！？

京都府立大学公共政策学部准教授　**下村　誠**

　大学教員になって丸9年（前任校を合わせて）。研究者を夢見ていた学生の頃には想像もしなかった仕事もこなしてきた。高校訪問という名の学生募集活動（営業の大変さがわかった）、専門でない自治体の委員会の委員（さっぱりわからず冷や汗）、ラジオ番組「おもしろ法律倶楽部」への定期的出演（ネタ探しに奔走）、カラオケ大会の審査員（「囚われの聴衆」とはこのことか）…。たしかに、これらの経験によっていろんな人に出会い、勉強にもなった。しかし、ふと「大学って何なのだろう」と考えることもあった。吉見俊哉『大学とは何か』（平成23年、岩波書店）には「大学とは、メディアである。…メディアとしての大学は、人と人、人と知識の出会いを持続的に媒介する。」（258頁）とある。なるほど、そうかもしれない。大学とは「出会いの場」と言い換えてもいいかもしれない。さて、これからどんな人どんなことに出会えるのか、自分を磨きながら待つことにしたい。

コラム　「健康で豊かなくらし」とは

　　　　京都府立大学大学院生命環境科学研究科教授　三橋俊雄

　十五年間丹後半島の里山にうかがい「地域の光をデザインする」活動を続けている。そこでは、厳しい自然と向き合いながらも、自然と共生してきた人びとのたくましい姿や生活技術、生活文化と出会うことができる。

　訪れた宮津、京丹後、南丹、福知山の里山における生活は質素である。今も自然の恵みを受けながら自給自足的な、身の丈にあった生活が営まれている。農や漁において必要な道具を自らの手でつくり、そして自然を楽しみ感謝する普段着の生活が、実にすばらしい。

　例えば、庭先には農作業用の笊が、柿渋を塗った和紙で四十年も前から補修され使われ続けている。軒先に積み上げた薪の束を見て、今年の冬も無事に越すことができると感じる使用価値の世界がそこにはある。共同体のきずなとともに、八十歳、九十歳になっても自然の中で元気に働き、自然を熟知した彼らの知恵や工夫が、今でも活かされている。

　健康で豊かなくらしとはこのようなことにちがいない。

おわりに　福祉社会の実現をめざし、公共政策を拓く

京都政策研究センター（KPI）は、平成20年4月に行われた、京都府立大学の法人化および学部・大学院の再編と一連のものとして出発しました。組織上の位置づけは、京都府立大学附属の独立研究施設ですが、公共政策学部とはとりわけ強い結びつきを持っています。

平成20年に誕生した公共政策学部（および公共政策学研究科）は、それまでの福祉社会学部の伝統の上に、「福祉社会の実現をめざし、公共政策を拓く」を設立の理念とします。

福祉社会とは、幸福が実現する社会、人々が幸福に生きるための社会的基盤が整備された社会のことを意味しています。それはすべての人々が、その能力を最大限に発展・開花させるための条件が保障されるとともに、社会連帯の精神にあふれた社会でもあると考えています。そしてこのような社会の実現をめざして、公共政策学部ではそれを実践的に担う専門職の養成を行う（福祉社会学科）とともに、公共政策のあり方を広く探究すること（公共政策学科）を課題としています。

つまり公共政策学部の研究と教育は、まさに京都政策研究センターの存在と一体のものです。公共政策学部の発足から5年、京都政策研究センターの誕生から3年。最初の1サイクルを終えて、どちらもいよいよ正念場—本格的な飛躍を求められる時期にさしかかっています。この間

おわりに

の皆様のご協力に深く感謝するとともに、なおいっそう、厳しくも暖かいご支援とご協力をお願いする次第です。

京都府立大学公共政策学部長　**吉岡 真佐樹**

○京都府立大学京都政策研究センター規程

(平成 21 年京都府立大学規程第 6 号)

(趣旨)
第1条 この規程は、京都府立大学学則(平成 20 年京都府立大学規則第 1 号。以下「学則」という。)第 10 条の 2 の規定により、京都府立大学京都政策研究センター(以下「センター」という。)に関し、必要な事項を定める。
(所掌事項)
第2条 センターは、次の各号に掲げる事項を実施する。
 (1) 京都府政の重要課題に係る政策研究に関すること
 (2) 地方公共団体等との共同研究及び受託研究等に関すること
 (3) 行政職員等の政策立案能力等の向上に関すること
 (4) 政策研究の成果の府民等への還元に関すること
 (5) その他センターの設置目的を達成するために必要な事項
(組織)
第3条 学則第 14 条の規定により、センターに京都政策研究センター長(以下「センター長」という。)を置き、学長が任命する。
2 センター長の任期は、2 年とする。ただし、再任を妨げない。
3 センター長は、センターの業務を総括する。
4 センターに特任教員を置くことができる。その選考は第 4 条に定める企画会議において行う。
(企画会議)
第4条 センターの所掌事項について企画し、協議・調整するため、センターに企画会議(以下「会議」という。)を置き、次に掲げる委員をもって組織する。
 (1) センター長
 (2) 公共政策学部長
 (3) 文学部、公共政策学部及び生命環境科学研究科から選出された各 1 名の教員
2 前項第 3 号の委員の任期は、2 年とする。ただし、再任を妨げない。
3 第 1 項第 3 号の補欠の者の任期は、前任者の残任期間とする。
4 第 1 項に定める者のほか、センター長が学長の了承を得て、必要と認めた者を委員に加えることができる。
5 センター長は、必要と認めるときは、委員以外の者を会議に参加させ、意見を聞くことができる。
6 センター長は、会議を招集し、主宰する。
(政策研究運営委員会)
第5条 第 2 条第 1 号の政策研究を円滑に推進するため、センターに政策研究運営委員会を置く。
2 政策研究運営委員会に必要な事項は、センター長が別に定める。
(庶務)
第6条 センターの庶務は、当分の間、公共政策学部において処理する。
(その他)
第7条 この規程に定めるもののほか、センターに関し必要な事項は、センター長が別に定める。

附 則
(施行期日)
1 この規程は、平成 21 年 7 月 8 日から施行する。
(経過措置)
2 この規程の施行後最初に任命される第 3 条第 1 項及び第 4 条第 1 項第 3 号に規定するセンター長及び 委員の任期は、第 3 条第 2 項及び第 4 条第 2 項の規定にかかわらず、平成 23 年 3 月 31 日までとする。
附 則
(施行期日)
1 この規程は、平成 22 年 12 月 8 日から施行する。

○府大京都政策研究センター・政策研究運営委員会運営要領

（趣旨）
第1条　この要領は、京都府立大学京都政策研究センター規程第5条第2項の規程に基づき、政策研究運営委員会（以下「運営委員会」という。）の運営に関し、必要な事項を定める。

（所掌事項）
第2条　運営委員会は、京都府との協働の政策研究の円滑な推進に向けて、次の各号に掲げる事項について協議調整する。
(1)　京都府との協働の政策研究のテーマの選定及び政策研究チームの結成に関すること
(2)　京都府との協働の政策研究の進行管理に関すること
(3)　京都府との協働の政策研究の成果の府民等への還元に関すること
(4)　その他京都府との協働の政策研究の円滑な推進に必要な事項

（運営委員会の構成及び運営）
第3条　運営委員会には調整幹事を置き、次に掲げる者を充てる。
(1)　センター長
(2)　企画調整マネージャー
(3)　公共政策学部選出の企画会議委員
(4)　京都府政策企画部企画政策課長
(5)　京都府政策企画部企画政策課長が必要と認める京都府職員
2　運営委員会の構成については、その都度、前項の調整幹事が協議し、必要と認める教員及び京都府職員を決定し、センター長が運営委員会を招集し、主宰する。

（その他）
第4条　この要領に定めるもののほか、運営委員会に関し必要な事項は、センター長が別に定める。

附　則
この要領は、平成21年10月20日から施行する。

About KPI

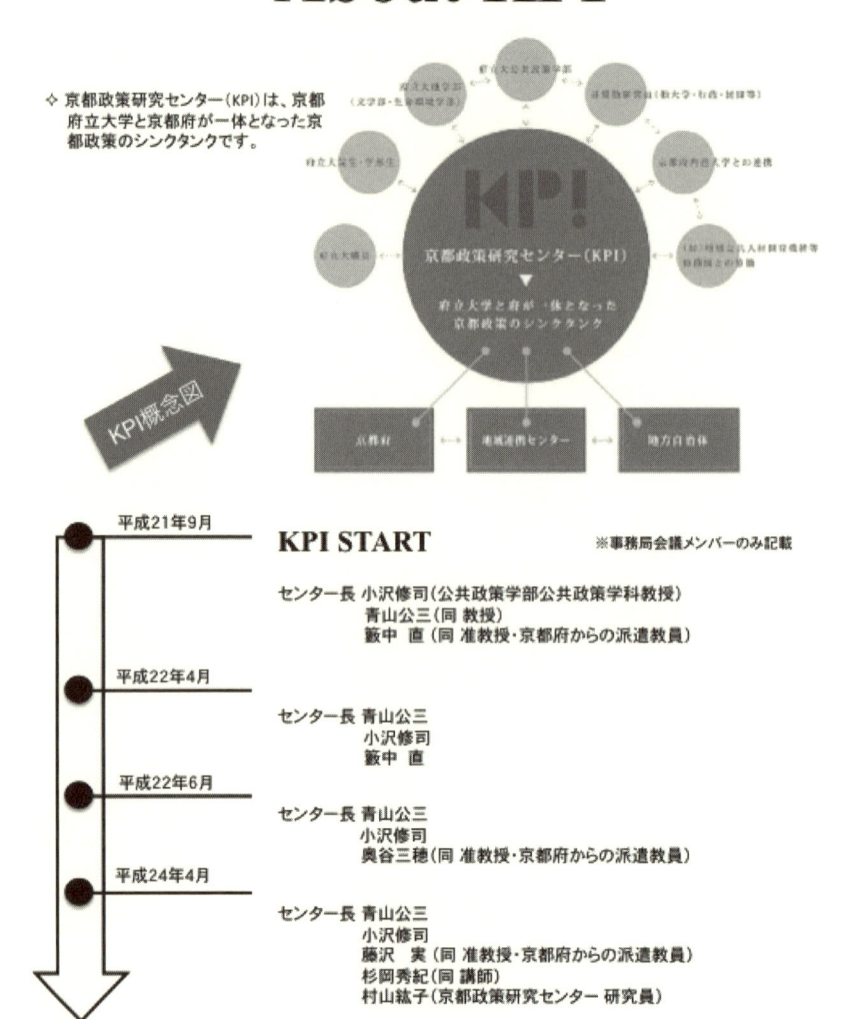

◇ 京都政策研究センター(KPI)は、京都府立大学と京都府が一体となった京都政策のシンクタンクです。

KPI概念図

```
平成21年9月 ●── KPI START                    ※事務局会議メンバーのみ記載

              センター長 小沢修司（公共政策学部公共政策学科教授）
                     青山公三（同 教授）
                     籔中 直（同 准教授・京都府からの派遣教員）

平成22年4月  ●──
              センター長 青山公三
                     小沢修司
                     籔中 直

平成22年6月  ●──
              センター長 青山公三
                     小沢修司
                     奥谷三穂（同 准教授・京都府からの派遣教員）

平成24年4月  ●──
              センター長 青山公三
                     小沢修司
                     藤沢 実（同 准教授・京都府からの派遣教員）
                     杉岡秀紀（同 講師）
                     村山紘子（京都政策研究センター 研究員）
```

政策提言活動

- 毎年京都府からの提案を受け、受託研究を実施しています。この受託研究は、京都府の重要政策課題を対象に、複数テーマについての「ワーキング・グループ」を京都府等行政関係者とともに設置し、京都府との協働により、各施策現場での実態調査、分析・評価、政策提言等を実施するとともに、地域の課題解決に貢献するための、専門的支援を行うものです。
- ここには記載していませんが、それぞれ1ヶ月に1回～2ヶ月に1回程のペースで研究会を実施しています。
- また、それぞれ報告書を毎年作成しています。（①を除く）

平成21年度
【京都府との協働研究】
① 「持続的発展可能な京都ならではの地域環境政策に関する研究」
② 「地域力再生プロジェクト」の事業評価
③ 「障害者自立支援法改正に向けた政策に関する研究」

平成22年度
【京都府との協働研究】
① 「持続発展可能な京都ならではの地域環境政策に関する研究」
② 「地域力再生・活性化のための政策事例研究」
③ 「里力再生 2nd Stageへむけた研究」

10月4日/11日/19日
連続環境セミナー（協働研究①）
1)「ブータン王国のGNHに学ぶ知恵」
　平山 修一氏（GNH研究所所長）
2)「持続可能な福祉社会 ～定常型社会と「環境・福祉」の統合～」
　広井 良典氏（千葉大学法経学部教授）
3)「OECD諸国の地域政策の潮流と『グリーン成長政策』」
　松本 忠氏（OECD上席政策アナリスト）

2月12日/13日
京都環境文化学術フォーラム（協働研究①）
『グローバルコモンズを目指して―自然と文化を大切にした幸福な社会―』

平成23年度
【京都府との協働研究】
① 「持続発展可能な京都ならではの地域環境政策に関する研究」
② 「地域力再生・活性化のための政策事例研究」
③ 「低所得層に対する支援施策の効果測定」

10月13日
「東日本大震災調査報告会－大震災の経験を未来につなぐ－」(協働研究①)

12月27日
震災復興における地域政策研究会①(協働研究①)
「震災からの復興に自然と歴史と文化を」佐々木 健氏(岩手県大槌町生涯学習課長)

2月9日
震災復興における地域政策研究会②(協働研究①)
「震災復興におけるバイオマスエネルギーの活用」
三浦 秀一氏(東北芸術工科大学建築・環境デザイン学科准教授)

2月11日/12日
京都環境文化学術フォーラム(協働研究①)
『グローバルコモンズを目指して－東日本大震災の経験から考える未来への道』

3月23日
震災復興における地域政策研究会③(連続自治体特別企画セミナーと同時開催)
「コミュニティ再生から考える震災復興－東北と神戸の事例から－」
伊坂 善明氏(三菱UFJリサーチ&コンサルティング(株)研究開発第1部主席研究員)
小林 郁雄氏(神戸山手大学現代社会学部環境文化学科 教授
／阪神大震災復興市民まちづくり支援ネットワーク世話人

平成24年度
【京都府との協働研究】
①「地球環境問題研究委託事業」
②「地域力再生交付金の効果に関する検証調査」
③「勤労者福祉会館の有効活用のための調査研究」
③「低所得層に対する支援施策の効果測定」

1月17日/18日
「持続可能な都市のかたち：コンパクトシティ」(協働研究①)
「OECDが先進諸国の政策形成に果たす役割 －持続可能な都市政策を中心に－」
松本 忠氏(OECD上席アナリスト)

2月5日
公開研究会(協働研究④)
講師：藤田 孝典氏(NPO法人ほっとプラス代表理事)

2月16日/17日
京都環境文化学術フォーラム(協働研究①)
『京都の知恵と文化を世界に－グローバルコモンズを目指して－』

＊いずれも肩書きは当時のものです。

教育・研修活動

◇ 連続自治体特別企画セミナーとは…自治体職員・議員、研究者、学生等を対象に、幅広い視野から地方自治に関する知識の習得と政策形成能力の向上を図るため、自治体の事例などを基に学識者と自治体等の実務経験者を招聘し、開催しているものです。なお、京都府の職員は研修の位置づけとして参加できます。

◇ 下鴨サロンとは…京都府との協働で、教員と府職員による「肩書きを外し、既存の制作の枠組みにとらわれないざっくばらんな政策議論の場」のことです。平成24年度からは、京都府庁で開催する「出前サロン」も始めました。

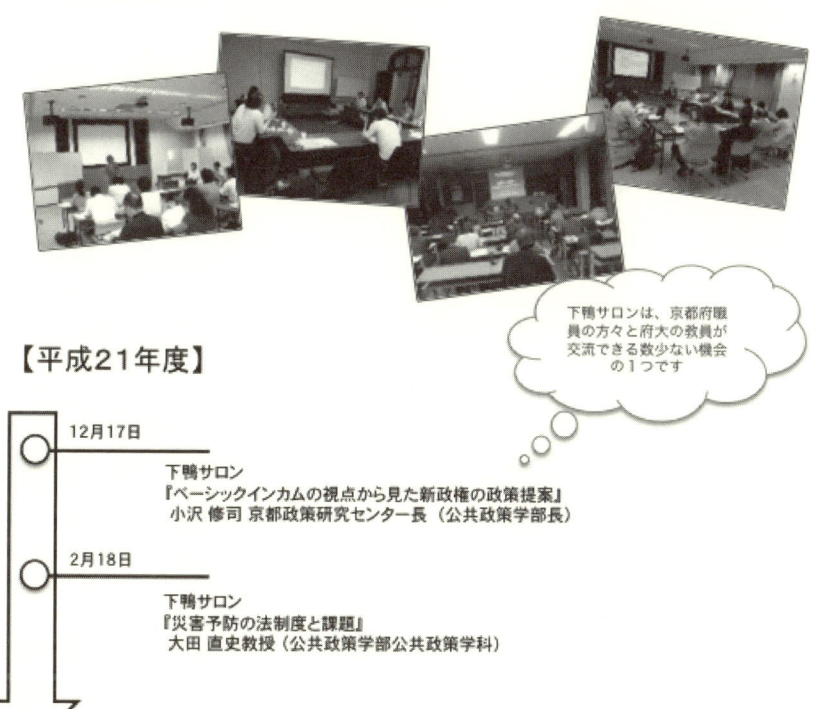

下鴨サロンは、京都府職員の方々と府大の教員が交流できる数少ない機会の1つです

【平成21年度】

- **12月17日**
 下鴨サロン
 『ベーシックインカムの視点から見た新政権の政策提案』
 小沢 修司 京都政策研究センター長（公共政策学部長）

- **2月18日**
 下鴨サロン
 『災害予防の法制度と課題』
 大田 直史教授（公共政策学部公共政策学科）

【平成22年度】

- **4月8日**
  下鴨サロン
  『持続可能な発展のための環境税を考える』
  川勝 健志 准教授（公共政策学部公共政策学科）

- **6月24日**
  連続自治体特別企画セミナー
  『縮小都市時代のまちづくり』
  矢作 弘氏（大阪市立大学創造都市研究科 教授）

- **7月15日**
  下鴨サロン
  『沖縄からみた日本の地方行財政問題―条件不利地域の行財政問題を考える』
  川瀬 光義 教授（公共政策学部公共政策学科）

- **8月5日**
  連続自治体特別企画セミナー
  『地域主権のゆくえ―日本再生の道のり―』
  増田 寛也氏（京都府立大学公共政策学部公共政策学科 客員教授
  ／元総務大臣／元岩手県知事）

- **9月16日**
  下鴨サロン
  『障害者福祉政策2009～2010 ―障害者の自立と大盛り早食いサービスの弊害―』
  中根 成寿 准教授（公共政策学部福祉社会学科）

- **10月14日**
  連続自治体特別企画セミナー
  『地域における政策形成の課題と展望』
  足立 幸男氏（関西大学政策創造学部教授
  ／京都府立大学公共政策学部公共政策学科 客員教授）

- **10月18日**
  下鴨サロン
  『仕事におけるコミットメントの意義
  ―組織・職業へのコミットメントをセルフコントロールに活かす』
  石田 正浩 准教授（公共政策学部福祉社会学科）

- **11月25日**
  連続自治体特別企画セミナー
  『地域活性化の動向』
  木村 俊昭氏（農林水産省大臣官房政策課企画官／内閣府地域活性化伝道師）

- **1月20日**
  下鴨サロン
  『物質使用障害の理解と支援
  ―当事者及び家族に対するソーシャルワーク実践の経験を踏まえて―』
  山野 尚美 准教授（公共政策学部福祉社会学科）

- **2月24日**
  連続自治体特別企画セミナー
  『地域交通の課題と展望』
  磯部 友彦氏（中部大学都市建設工学科教授）
  岡本 武彦氏（岐阜市企画部交通総合政策課副主幹）

> 連続自治体特別企画セミナーは、自治体関係者などに全国の先進的な事例を知っていただくと同時に、KPIメンバーの知見を広げる機会にもなっています。

【平成23年度】

- **6月23日** 連続自治体特別企画セミナー
  『アートの力で地域振興！～学生と里をつなぐ河和田アートキャンプの取組～』
  片木 孝治氏（京都精華大学デザイン研究科 准教授）
  牧野 百男氏（福井県鯖江市 市長）

- **7月21日** 下鴨サロン
  『自立的な農業を目指して』
  大島 和夫教授（公共政策学部公共政策学科）

- **8月31日** 連続自治体特別企画セミナー
  『観光による地域振興 ―地域資源をどう生かすか―』
  井口 貢氏（同志社大学政策学部教授）
  古田 菜穂子氏（岐阜県総合企画部観光交流推進局局長）
  「『飛騨・美濃じまん運動』による地域振興」

- **9月29日** 連続自治体特別企画セミナー
  『どう変わる！関西広域連合と地方自治体』
  新川 達郎氏（同志社大学大学院 総合政策科学研究科教授）
  亀澤 博文氏（関西広域連合本部事務局 京都府課長（京都府担当））

- **10月27日** 連続自治体特別企画セミナー
  『豊中市の挑戦！自治体行財政改革最前線』
  的場 啓一氏（静岡大学男女共同参画推進室特任准教授）
  直川 俊彦氏（豊中市行財政再建対策室室長）

- **12月1日** 下鴨サロン
  『認知活動に潜む容量制約― 心理学と脳研究からみたマルチタスク ―』
  森下 正修准教授（公共政策学部福祉社会学科）

- **2月18日～19日** 第3回議員政策力フォーラム

  （龍谷大学地方人材・公共政策開発システムオープンリサーチセンター（LORC）と協同で、「質問力研修」を開催しました。なお、第1回（平成22年度1月）と第2回（平成23年度11月）は龍谷大学が実施しました。）

- **2月23日** 連続自治体特別企画セミナー
  『3.11後の自然エネルギーへのシフト―地域でできる自然エネルギーの活用―』
  山下 紀明氏（NPO法人環境エネルギー政策研究所主任研究員）
  大塚 憲昭氏（NPO法人里山倶楽部理事）

- **3月22日** 連続自治体特別企画セミナー
  『コミュニティ再生から考える震災復興 ―東北と神戸の事例から―』
  伊坂 善明氏（三菱UFJリサーチ＆コンサルティング（株）主席研究員）
  小林 郁雄氏（神戸山手大学教授
  ／阪神大震災復興市民まちづくり支援ネットワーク世話人）

【平成24年度】

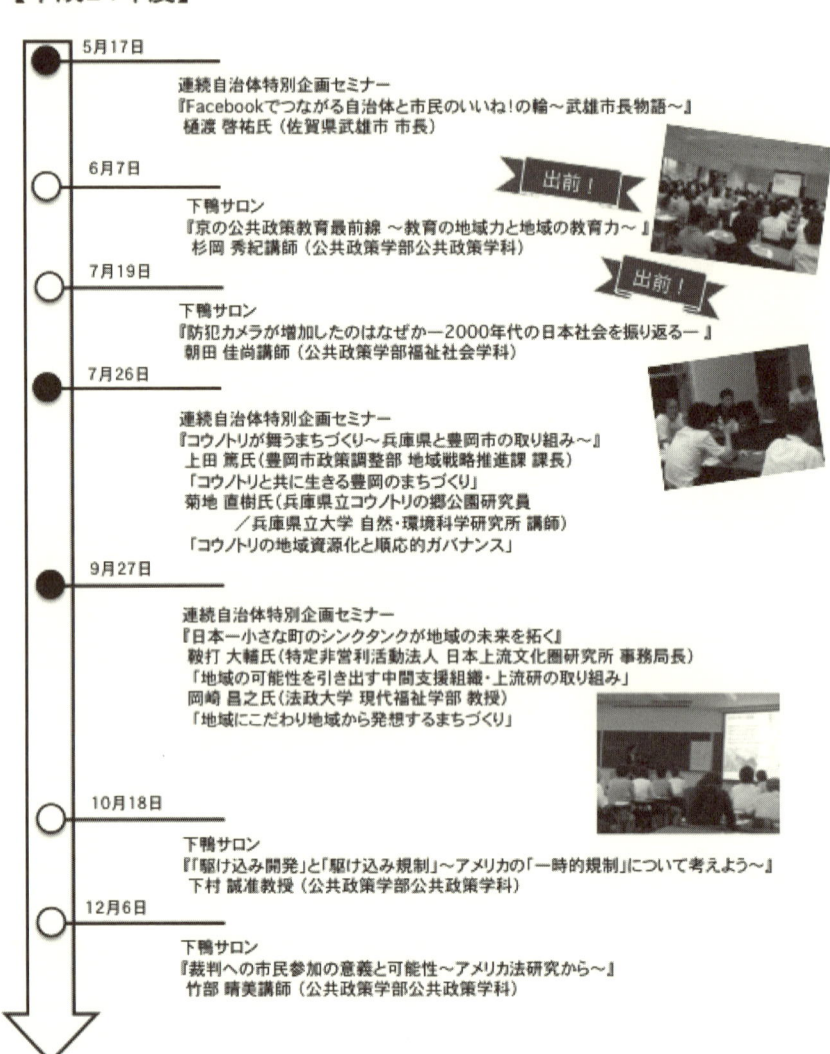

- **5月17日**
  連続自治体特別企画セミナー
  『Facebookでつながる自治体と市民のいいね！の輪～武雄市長物語～』
  樋渡 啓祐氏（佐賀県武雄市 市長）

- **6月7日**
  下鴨サロン
  『京の公共政策教育最前線 ～教育の地域力と地域の教育力～』
  杉岡 秀紀講師（公共政策学部公共政策学科）

- **7月19日**
  下鴨サロン
  『防犯カメラが増加したのはなぜか―2000年代の日本社会を振り返る―』
  朝田 佳尚講師（公共政策学部福祉社会学科）

- **7月26日**
  連続自治体特別企画セミナー
  『コウノトリが舞うまちづくり～兵庫県と豊岡市の取り組み～』
  上田 篤氏（豊岡市政策調整部 地域戦略推進課 課長）
  「コウノトリと共に生きる豊岡のまちづくり」
  菊地 直樹氏（兵庫県立コウノトリの郷公園研究員
  ／兵庫県立大学 自然・環境科学研究所 講師）
  「コウノトリの地域資源化と順応的ガバナンス」

- **9月27日**
  連続自治体特別企画セミナー
  『日本一小さな町のシンクタンクが地域の未来を拓く』
  鞍打 大輔氏（特定非営利活動法人 日本上流文化圏研究所 事務局長）
  「地域の可能性を引き出す中間支援組織・上流研の取り組み」
  岡崎 昌之氏（法政大学 現代福祉学部 教授）
  「地域にこだわり地域から発想するまちづくり」

- **10月18日**
  下鴨サロン
  『「駆け込み開発」と「駆け込み規制」～アメリカの「一時的規制」について考えよう～』
  下村 誠准教授（公共政策学部公共政策学科）

- **12月6日**
  下鴨サロン
  『裁判への市民参加の意義と可能性～アメリカ法研究から～』
  竹部 晴美講師（公共政策学部公共政策学科）

81　資料

1月17日
連続自治体特別企画セミナー
『文化が創造する都市の未来』
秋田 光彦氏(浄土宗應典院代表／大蓮寺住職／パドマ幼稚園園長)
「無縁から、結縁へ～地域資源としてのお寺を活かす」
佐々木 雅幸氏(大阪市立大学大学院 創造都市研究科教授
　　　　　　／大阪市立大学都市研究プラザ所長)
「創造都市の時代」

3月7日
下鴨サロン
『ドイツにおける青年の自立の課題と学校教育・職業訓練
　―青少年育成・援助職の発展と現状をめぐって―』
吉岡 真佐樹学部長(公共政策学部福祉社会学科教授)

出前！

3月21日
連続自治体特別企画セミナー
『自治基本条例が拓くまちづくり』
逢坂 誠二氏（前衆議院議員／元ニセコ町長）

平成24年度の
ちらし

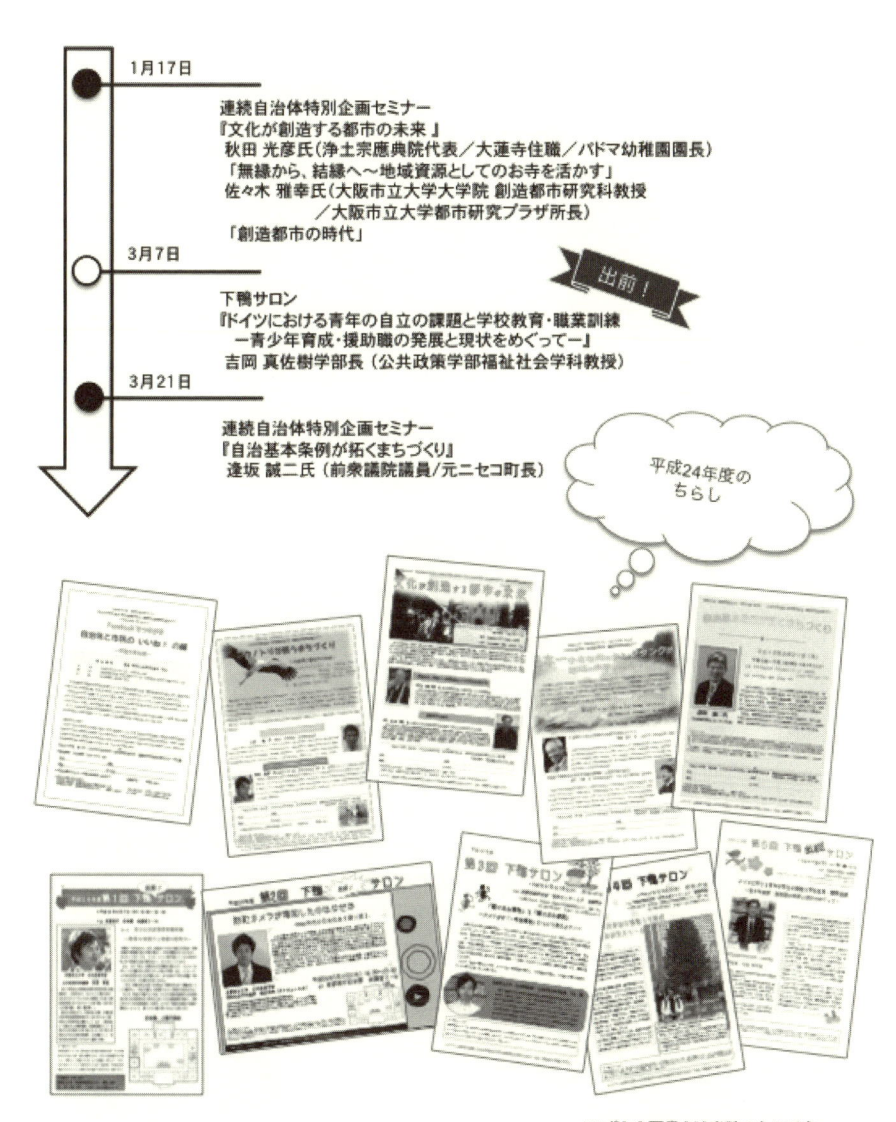

*いずれも肩書きは当時のものです。

調査・研究活動

- ◇ 受託研究：地方自治体や企業等からの委託を受け、依頼者（クライアント）と共に調査・研究を実施します。
- ◇ 地域貢献型特別研究事業（ACTR）：「地域活性化に対する京都府立大学の貢献のあり方について」など、地域から寄せられた研究課題に対して、京都政策研究センターのノウハウや内外のネットワークを活用しながら取り組んでいます。

> 京都府との協働研究と同様に、なるべく顔を合わせ、お互いの意見を確認し合いながら研究を進めます。また、現地にも赴き、現場の声にも耳を傾けます。

平成23年度

【京都府及び府内市町村からの政策評価への参画】
長岡京市環境基本計画改定に関する調査

【地域課題専門的支援（コンサルテーション）】
宮津市上世屋地区における地域振興支援

【ACTR】
「宮津市の地域活性化問題に対する調査研究」
「バイオマスエネルギーを活用した過疎地域における電気自動車の普及に向けた調査研究」
（生命環境科学研究科 田中和博教授の研究に青山・奥谷が参加）

平成24年度

【左京区受託研究】
「左京区久多地域のニーズ調査及び将来に向けた地域課題解決方策の検討」

【ACTR】
「宮津市の地域活性化問題に対する京都府立大の地域貢献のあり方に関する調査研究」

＊いずれも肩書きは当時のものです。

83　資料

広報活動

最新情報はホームページとfacebookで随時更新中！「京都政策研究センター」で検索を！

○京都政策研究センターホームページ
▶http://www.kpu.ac.jp

○facebookページ
▶https://www.facebook.com/kpukpi

○ニュースレター発行（隔月）
▶ホームページに掲載しています。

ニュースレターではお知らせや報告に加え、毎回リレーコラムを掲載中！事務局メンバー5人の人となりが垣間みれるコーナーとなっています。

○KPIパンフレット
▶ご入用の際は、ご連絡ください。

○その他、毎月1日にメールマガジンを配信中！
▶メールマガジンをご希望の方は、kpiinfo@kpu.ac.jpまでご一報ください。

京都政策研究センターブックレット No. 1
地域貢献としての「大学発シンクタンク」
京都政策研究センター（KPI）の挑戦

2013 年 3 月 25 日　初版発行

　企　画　　京都府立大学京都政策研究センター
　　　　　　〒606-8522　京都市左京区下鴨半木町 1-5
　　　　　　TEL 075-703-5319　FAX 075-703-5319
　　　　　　e-mail: kpiinfo@kpu.ac.jp
　　　　　　http://www.kpu.ac.jp/
　編　著　　青山公三・小沢修司・杉岡秀紀・藤沢実
　発行人　　武内英晴
　発行所　　公人の友社
　　　　　　〒112-0002　東京都文京区小石川 5-26-8
　　　　　　TEL 03-3811-5701　FAX 03-3811-5795
　　　　　　e-mail: info@koujinnotomo.com
　　　　　　http://koujinnotomo.com/
　印刷所　　倉敷印刷株式会社
　ISBN978-4-87555-619-0

「官治・集権」から
「自治・分権」へ

市民・自治体職員・研究者のための
自治・分権テキスト
シリーズ

《出版図書目録 2013.3》

〒120-0002　東京都文京区小石川 5-26-8
TEL　03-3811-5701
FAX　03-3811-5795
mail　info@koujinnotomo.com

公人の友社

● ご注文はお近くの書店へ
　小社の本は、書店で取り寄せることができます。「公人の友社の『○○○○』を取り寄せてください」とお申し込みください。5日おそくとも10日以内にお手元に届きます。

● 直接ご注文の場合は
　電話・FAX・メールでお申し込み下さい。

　　TEL　03-3811-5701
　　FAX　03-3811-5795
　　mail　info@koujinnotomo.com

（送料は実費、価格は本体価格）

【京都政策研究センターブックレット】

No.1
地域貢献としての「大学発シンクタンク」
京都政策研究センター（KPI）の挑戦
編著：青山公三・小沢修司・杉岡秀紀・藤沢実 1,000円

【地方自治ジャーナルブックレット】

No.1
水戸芸術館の実験
森啓 1,166円（品切れ）

No.2
政策課題研究研修マニュアル
首都圏政策研究・研修研究会
1,359円（品切れ）

No.3
使い捨ての熱帯雨林
熱帯雨林保護法律家ﾆｰﾄﾞ
971円（品切れ）

No.4
自治体職員世直し志士論
童門冬二・村瀬誠 971円（品切れ）

No.5
行政と企業は文化支援で何ができるか
日本文化行政研究会 1,166円（品切れ）

No.6
まちづくりの主人公は誰だ
浦野秀一 1,165円（品切れ）

No.7
パブリックアート入門
竹田直樹 1,166円（品切れ）

No.8
市民的公共性と自治
今井照 1,166円（品切れ）

No.9
ボランティアを始める前に
佐野章二 777円

No.10
自治体職員の能力
自治体職員能力研究会（品切れ）

No.11
パブリックアートは幸せか
山岡義典 1,166円（品切れ）

No.12
市民が担う自治体公務
ﾊｰﾄﾌﾙ公務員論研究会
1,359円

No.13
行政改革を考える
山梨学院大学行政研究ｾﾝﾀｰ
1,166円

No.14
上流文化圏からの挑戦
山梨学院大学行政研究ｾﾝﾀｰ
1,166円（品切れ）

No.15
市民自治と直接民主制
高寄昇三 951円

No.16
議会と議員立法
上田章・五十嵐敬喜 1,600円

No.17
分権段階の自治体と政策法務
山梨学院大学行政研究ｾﾝﾀｰ
1,456円

No.18
地方分権と補助金改革
高寄昇三 1,200円

No.19
分権化時代の広域行政
山梨学院大学行政研究ｾﾝﾀｰ
1,200円

No.20
分権
橋本行史 1,000円

No.21
あなたの町の学級編成と地方分権
田嶋義介 1,200円

No.22
自治体も倒産する
加藤良重 1,000円（品切れ）

No.23
ボランティア活動の進展と自治体の役割
山梨学院大学行政研究ｾﾝﾀｰ
1,200円

No.24
男女平等社会の実現と自治体の役割
加藤良重 800円

No.25
新版 2時間で学べる「介護保険」
山梨学院大学行政研究ｾﾝﾀｰ
1,200円

No.26
東京都の「外形標準課税」はなぜ正当なのか
青木宗明・神田誠司 1,000円

No.27
少子高齢化社会における福祉のあり方
山梨学院大学行政研究ｾﾝﾀｰ
1,200円

No.28
財政再建団体
橋本行史 1,000円

No.29
交付税の解体と再編成
高寄昇三 1,000円

No.30
町村議会の活性化
山梨学院大学行政研究ｾﾝﾀｰ
1,200円

No.31
地方分権と法定外税
外川伸一 800円

No.32
東京都銀行税判決と課税自主権
高寄昇三 1,200円

No.33
都市型社会と防衛論争
松下圭一 900円

No.34
中心市街地の活性化に向けて
山梨学院大学行政研究ｾﾝﾀｰ
1,200円

No.35
自治体企業会計導入の戦略
高寄昇三 1,100円

市民がつくる東京の環境・公害条例
市民案をつくる会 1,000円

No.36 行政基本条例の理論と実際
神原勝・佐藤克廣・辻道雅宣 1,100円

No.37 市民文化と自治体文化戦略
松下圭一 800円

No.38 まちづくりの新たな潮流
山梨学院大学行政研究センター 1,200円

No.39 ディスカッション三重の改革
中村征之・大森彌 1,200円

No.40 政務調査費
宮沢昭夫 1,200円

No.41 市民自治の制度開発の課題
山梨学院大学行政研究センター 1,200円

No.42 《改訂版》自治体破たん・「夕張ショック」の本質
橋本行史 1,200円

No.43 分権改革と政治改革
西尾勝 1,200円

No.44 自治体人材育成の着眼点
浦野秀一・井澤壽美子・野田邦弘・西村浩・三関浩司・杉谷戸知也・坂口正治・田中富雄 1,200円

No.45 シンポジウム障害と人権
橋本宏子・森田明・湯浅和恵・池原毅和・青木九馬・澤静子・佐々木久美子 1,400円

No.46 地方財政健全化法で財政破綻は阻止できるか
高寄昇三 1,200円

No.47 地方政府と政策法務
加藤良重 1,200円

No.48 政策財務と地方政府
加藤良重 1,400円

No.49 政令指定都市がめざすもの
高寄昇三 1,400円

No.50 良心的裁判員拒否と責任ある参加
市民社会の中の裁判員制度
大城聡 1,000円

No.51 討議する議会
自治体議会学の構築をめざして
江藤俊昭 1,200円

No.52 【増補版】大阪都構想と橋下政治の検証
府県集権主義への批判
高寄昇三 1,200円

No.53 虚構・大阪都構想への反論
橋下ポピュリズムと都市主権の対決
高寄昇三 1,200円

No.54 大阪市存続・大阪都粉砕の戦略
地方政治とポピュリズム
高寄昇三 1,200円

No.55 「大阪都構想」を越えて
問われる日本の民主主義と地方自治
(社)大阪自治体問題研究所 編著:大阪の自治を考える研究会 1,400円

No.56 翼賛議会型政治・地方民主主義への脅威
地域政党と地方マニフェスト
高寄昇三 1,200円

No.57 なぜ自治体職員にきびしい法遵守が求められるのか
加藤良重 1,200円

No.58 東京都区制度の歴史と課題
都区制度問題の考え方
著:栗原利美、編:米倉克良 1,400円

No.59 七ヶ浜町(宮城県)で考える「震災復興計画」と住民自治
編著:自治体学会東北YP 1,400円

No.60 市民が取り組んだ条例づくり
市民が市長・職員・市議会とともにつくった所沢市自治基本条例
編著:所沢市自治基本条例を育てる会 1,400円

No.61 いま、なぜ大阪市の消滅か
大都市地域特別区法の成立と今後の課題
編著:大阪の自治を考える研究会 800円

No.62 地方公務員給与は高いのか
非正規職員の正規化をめざして
高寄昇三・山本正憲 1,200円

[福島大学ブックレット「21世紀の市民講座」]

No.1 外国人労働者と地域社会の未来
桑原靖夫・香川孝三、編:坂本恵 900円

No.2 自治体政策研究ノート
今井照 900円

No.3 住民による「まちづくり」の作法
今西一男 1,000円

No.4 格差・貧困社会における市民の権利擁護
金子勝 900円

[地方自治土曜講座ブックレット]

No.1 現代自治の条件と課題
神原勝　900円　（品切れ）

No.5 法学の考え方・学び方　イェーリングにおける「秤」と「剣」
富井哲　900円

No.6 今なぜ権利擁護かネットワークの重要性
高野範城・新村繁文　1,000円

No.7 小規模自治体の可能性を探る
保母武彦・菅野典雄・佐藤力・竹内是俊・松野光伸　1,000円

No.8 小規模自治体の生きる道　連合自治の構築をめざして
神原勝　900円

No.9 文化資産としての美術館利用　地域の教育・文化的生活に資する方法研究と実践
辻みどり・田村奈保子・真歩仁しょうにん　900円

No.2 自治体の政策研究
森啓　600円

No.10 自治体デモクラシーと政策形成
山口二郎　500円　（品切れ）

No.22 地方分権推進委員会勧告とこれからの地方自治
西尾勝　500円　（品切れ）

No.26 地方分権と地方財政
横山純一　600円　（品切れ）

No.27 比較してみる地方自治
田口晃・山口二郎　600円　（品切れ）

No.28 議会改革とまちづくり
森啓　400円　（品切れ）

No.33 ローカルデモクラシーの統治能力
山口二郎　400円　（品切れ）

No.34 政策立案過程への戦略計画手法の導入
佐藤克廣　500円　（品切れ）

No.39 「近代」の構造転換と新しい「市民社会」への展望
今井弘道　500円

No.41 少子高齢社会の自治体の福祉法務
加藤良重　400円

No.42 改革の主体は現場にあり
山田孝夫　900円

No.43 自治と分権の政治学
鳴海正泰　1,100円

No.44 公共政策と住民参加
宮本憲一　1,100円

No.45 農業を基軸としたまちづくり
小林康雄　800円

No.46 これからの北海道農業とまちづくり
篠田久雄　800円

No.47 自治の中に自治を求めて
佐藤守　1,000円

No.49 介護保険は何をかえるのか
池田省三　1,100円

No.50 介護保険と広域連合
大西幸雄　1,000円

No.51 自治体職員の政策水準
森啓　1,100円

No.52 自治体における政策評価の課題
佐藤克廣　1,000円

No.53 小さな町の議員と自治体
室埼正之　900円

No.55 改正地方自治法とアカウンタビリティ
鈴木庸夫　1,200円

No.56 財政運営と公会計制度
宮脇淳　1,100円

No.57 自治体職員の意識改革を如何にして進めるか
林嘉男　1,000円　（品切れ）

No.59 環境自治体とISO
畠山武道　700円

No.60 転型期自治体の発想と手法
松下圭一　900円

No.61 分権の可能性　スコットランドと北海道
山口二郎　600円

No.62 機能重視型政策の分析過程と財務情報
宮脇淳　800円

No.63 自治体の広域連携
佐藤克廣　900円

No.51 分権型社会と条例づくり
篠原一　1,000円

No.64 分権時代における地域経営　見野全　700円
No.65 町村合併は住民自治の区域の変更である　森啓　800円
No.66 自治体学のすすめ　田村明　900円
No.67 市民・行政・議会のパートナーシップを目指して　松山哲男　700円
No.69 新地方自治法と自治体の自立　井川博　900円
No.70 分権型社会の地方財政　神野直彦　1,000円
No.71 自然と共生した町づくり　宮崎県・綾町　森山喜代香　700円
No.72 情報共有と自治体改革　片山健也　1,000円
No.73 地域民主主義の活性化と自治体改革　山口二郎　900円
No.74 分権は市民への権限委譲　上原公子　1,000円

No.75 今、なぜ合併か　瀬戸亀男　800円
No.76 市町村合併をめぐる状況分析　小西砂千夫　800円
No.78 ポスト公共事業社会と自治体政策　五十嵐敬喜　800円
No.80 自治体人事政策の改革　森啓　800円
No.82 地域通貨と地域自治　西部忠　900円（品切れ）
No.83 北海道経済の戦略と戦術　宮脇淳　800円
No.84 地域おこしを考える視点　矢作弘　700円
No.87 北海道行政基本条例論　神原勝　1,100円
No.90 「協働」の思想と体制　森啓　800円
No.91 協働のまちづくり　三鷹市の様々な取組みから　秋元政三　700円
No.92 シビル・ミニマム再考　松下圭一　900円

No.93 市町村合併の財政論　高木健二　800円
No.95 市町村行政改革の方向性　佐藤克廣　800円
No.96 創造都市と日本社会の再生　佐々木雅幸　900円
No.97 地方政治の活性化と地域政策　山口二郎　800円
No.98 多治見市の総合計画に基づく政策実行　西寺雅也　800円
No.99 自治体の政策形成力　森啓　700円
No.100 自治体再構築の市民戦略　松下圭一　900円
No.101 維持可能な社会と自治体　宮本憲一　900円
No.102 道州制の論点と北海道　佐藤克廣　1,000円
No.103 自治基本条例の理論と方法　神原勝　1,100円
No.104 働き方で地域を変える　山田眞知子　800円（品切れ）

No.107 公共をめぐる攻防　樽見弘紀　600円
No.108 三位一体改革と自治体財政　岡本全勝・山本邦彦・北良治　1,000円
No.109 連合自治の可能性を求めて　逢坂誠二・川村喜芳　1,000円
No.110 「市町村合併」の次は「道州制」か　松岡市郎・堀則文・三本英司・佐藤克廣・砂川敏文・北良治他　1,000円
No.111 コミュニティビジネスと建設帰農　松本懿・佐藤吉彦・橋場利夫・山北博明・飯野政一・神原勝　1,000円
No.112 「小さな政府」論とはなにか　牧野富夫　700円
No.113 栗山町発・議会基本条例　橋場利勝・神原勝　1,200円
No.114 北海道の先進事例に学ぶ　宮谷内留雄・安斎保・見野全・佐藤克廣・神原勝　1,000円
No.115 地方分権改革の道筋　西尾勝　1,200円

No.116 転換期における日本社会の可能性　維持可能な内発的発展
宮本憲一　1,100円

[TAJIMI CITY ブックレット]

No.2 転型期の自治体計画づくり
松下圭一　1,000円

No.3 これからの行政活動と財政
西尾勝　1,000円

No.4 構造改革時代の手続的公正と第二次分権改革
鈴木庸夫　1,000円

No.5 自治体基本条例はなぜ必要か
辻山幸宣　1,000円

No.6 自治のかたち、法務のすがた
天野巡一　1,100円

No.7 自治体再構築における行政組織と職員の将来像
今井照　1,100円

No.8 持続可能な地域社会のデザイン
植田和弘　1,000円

No.9 「政策財務」の考え方
加藤良重　1,000円

No.10 市場化テストをいかに導入するべきか
編：白石克孝、監訳：的場信敬
竹下譲　1,000円

No.11 市場と向き合う自治体
小西砂千夫・稲澤克祐　1,000円

[地域ガバナンスシステム・シリーズ]
（龍谷大学地域人材・公共政策開発システム・オープン・リサーチ・センター(LORC)…企画・編集）

No.1 地域人材を育てる自治体研修改革
土山希美枝　900円

No.2 公共政策教育と認証評価システム
坂本勝　1,100円

No.3 暮らしに根ざした心よいまちづくり
編：龍谷大学地域人材・公共政策開発システム・オープン・リサーチ・センター(LORC)　1,100円

No.4 持続可能な都市自治体づくりのためのガイドブック
編：龍谷大学地域人材・公共政策開発システム・オープン・リサーチ・センター(LORC)　1,100円

No.5 イギリスの資格履修制度資格を通しての公共人材育成
小山善彦　1,000円

No.6 マーケットと地域をつなぐパートナーシップ
編：白石克孝、著：園田正彦　1,000円

No.7 政府・地方自治体と市民社会の戦略的連携
的場信敬　1,000円

No.8 多治見モデル
大矢野修　1,400円

No.9 市民と自治体の協働研修ハンドブック
土山希美枝　1,600円

No.11 行政学修士教育と人材育成
坂本勝　1,100円

No.12 アメリカ公共政策大学院の認証評価システムと評価基準
早見幸政　1,200円

No.14 炭を使った農業と地域社会の再生
井上芳恵　1,400円

No.15 対話と議論で〈つなぎ・ひきだす〉ファシリテート能力育成ハンドブック
土山希美枝・村田和代・深尾昌峰　1,200円

No.16 「質問力」からはじめる自治体議会改革
土山希美枝　1,100円

[生存科学シリーズ]

No.2 再生可能エネルギーで地域がかがやく
秋澤淳・長坂研・小林久　1,100円

No.3 小水力発電を地域の力で
小林久・戸川裕昭・堀尾正靭　1,200円

No.4 地域の生存と社会的企業
柏雅之・白石克孝・重藤さわ子　1,200円

No.5 地域の生存と農業知財
澁澤栄・福井隆・正林真之　1,000円

No.6 風の人・土の人
千賀裕太郎・白石克孝・柏雅之・福井隆・飯島博・曽根原久司・関原剛 1,400円

No.7 地域からエネルギーを引き出せ！
PEGASUSハンドブック（環境エネルギー設計ツール）
監修：堀尾正靱・白石克孝、著：重藤さわ子・定松功・土山希美枝 1,400円

No.8 地域分散エネルギーと「地域主体」の形成
風・水・光エネルギー時代の主役を作る
編：小林久・堀尾正靱、著：独立行政法人科学技術振興機構 社会技術研究開発センター「地域に根ざした脱温暖化・環境共生社会」研究開発領域 地域分散電源等導入タスクフォース 1,400円

[都市政策フォーラムブックレット]
No.1 「新しい公共」と新たな支え合いの創造へ
渡辺幸子・首都大学東京 教養学部都市政策コース 900円（品切れ）

No.2 景観形成とまちづくり
首都大学東京 都市教養学部都市政策コース 1,000円

No.3 都市の活性化とまちづくり
首都大学東京 都市教養学部都市政策コース 1,100円

[朝日カルチャーセンター地方自治講座ブックレット]

No.1 自治体経営と政策評価
山本清 1,000円

No.2 ガバメント・ガバナンスと行政評価
星野芳昭 1,000円（品切れ）

No.4 「政策法務」は地方自治の柱づくり
辻山幸宣 1,000円

No.5 政策法務がゆく
北村喜宣 1,000円

[政策・法務基礎シリーズ]
No.1 自治立法の基礎
東京都市町村職員研修所 600円（品切れ）

No.2 政策法務の基礎
東京都市町村職員研修所 952円

[北海道自治研ブックレット]

No.1 市民・自治体・政治
再論・人間型としての市民
松下圭一 1,200円

No.2 議会基本条例の展開
その後の栗山町議会を検証する
橋場利勝・中尾修・神原勝 1,200円

No.3 福島町の議会改革
議会基本条例=開かれた議会づくりの集大成
溝部幸基・石堂一志・中尾修・神原勝 1,200円

[地方財政史]
高寄昇三著 各5,000円

大正地方財政史・上巻
大正デモクラシーと地方財政

大正地方財政史・下巻
政党化と地域経営 都市計画と震災復興

昭和地方財政史・第一巻
地域格差と両税委譲 分与税と財政調整

昭和地方財政史・第二巻
補助金の成熟と変貌 匡救事業と戦時財政

［私たちの世界遺産］

No.1 **持続可能な美しい地域づくり**
五十嵐敬喜他 1,905円

No.2 **地域価値の普遍性とは**
五十嵐敬喜・西村幸夫 1,800円

No.3 **世界遺産登録・最新事情**
長崎・南アルプス
五十嵐敬喜・西村幸夫 1,800円

No.4 **新しい世界遺産の登場**
南アルプス［自然遺産］九州・山口［近代化遺産］
五十嵐敬喜・西村幸夫・岩槻邦男・松浦晃一郎 2,000円

［別冊］No.1 **ユネスコ憲章と平泉・中尊寺 供養願文**
五十嵐敬喜・佐藤弘弥 1,200円

［別冊］No.2 **平泉から鎌倉へ 鎌倉は世界遺産になれるか?!**
五十嵐敬喜・佐藤弘弥 1,800円

［自治体〈危機〉叢書］

自治体財政破綻の危機・管理
加藤良重 1,400円

政策転換への新シナリオ
小口進一 1,500円

好評発売中！

国立景観訴訟
自治が裁かれる

編著
五十嵐敬喜
（法政大学教授・弁護士）
上原公子
（元国立市長）

政治家が信念を持って行った「政策変更」で個人責任を問われるならば、この国に政治家はいなくなってしまう！

元国立市長・上原公子が「明和マンション」をめぐる景観訴訟に関連し、国立市に損害を与えたとして約3000万円の賠償請求で訴えられている。なぜ上原は訴えられなければならないのか。本書はその原因を総合的に分析・検討する。
（はしがきより）

Ａ５判・定価2,940円

成熟と洗練
日本再構築ノート

著
松下圭一
（法政大学名誉教授）

巨大借金、人口高齢化で「沈没」しつつある日本の政治・行政、経済・文化の構造再編をめざす〈市民政治〉、〈自治体改革〉、〈国会内閣制〉への展望をやさしく語る。あわせて半世紀以上つづいた自民党政治に同化したマスコミの《自民党史観》体質を鋭く批判。

この本は、2006年からポツポツ、若い友人たちとの議論に触発されながら、対話をまじえて、私自身の考え方をつづったものである。日本の「戦後」全体に話がおよんでいるので、若い世代の方々に、ぜひ目を通していただきたいと考えている。
（「まえがき」より）

四六判・定価2,625円